BUNTE
KOSMOS
TASCHEN
FÜHRER

D1936934

Dietmar Aichele

# Das fängt man mit der Angel

30 Süßwasserfische in Farbe

Mit 30 Farbfotos und 31 Zeichnungen

Kosmos · Gesellschaft der Naturfreunde
Franckh'sche Verlagshandlung · Stuttgart

Mit 30 Farbfotos von Vihdin Kalastusseura, S. Štochl, Gerhard Marcuse, Hermann J. Gruhl
1 Schwarzweißfoto vom Verfasser
und 31 Textzeichnungen von Sigrid Haag nach Vorlagen des Verfassers

Umschlag von Edgar Dambacher unter Verwendung eines Farbfotos von S. Štochl
Das Bild zeigt Bachsaiblinge (Salvelinus fontinalis)

Holländische Ausgabe bei W. J. Thieme, Zutphen/Niederlande
Italienische Ausgabe bei Ed. Muzzio, Padua/Italien

CIP-Kurztitelaufnahme der Deutschen Bibliothek

**Aichele, Dietmar:**
Das fängt man mit der Angel : 30 Süßwasserfische in Farbe / Dietmar Aichele. [Mit 30 Farbfotos von Vihdin Kalastusseura . . . u. 31 Textzeichn. von Sigrid Haag nach Vorlagen d. Verf.]. – 3. Aufl. – Stuttgart : Franckh, 1982.
(Bunte Kosmos-Taschenführer)
ISBN 3-440-04655-9

Das Bild auf Seite 2 zeigt eine Äschenregion

3. Auflage/39.–44. Tausend
Franckh'sche Verlagshandlung, W. Keller & Co., Stuttgart / 1982
Alle Rechte, insbesondere das Recht der Vervielfältigung, Verbreitung und Übersetzung, vorbehalten. Kein Teil des Werkes darf in irgendeiner Form (durch Fotokopie, Mikrofilm oder ein anderes Verfahren) ohne schriftliche Genehmigung des Verlages reproduziert oder unter Verwendung elektronischer Systeme verarbeitet, vervielfältigt oder verbreitet werden.
© 1970, 1979, Franckh'sche Verlagshandlung, W. Keller & Co., Stuttgart
Printed in Italy / Imprimé en Italie / LH 14 He / ISBN 3-440-04655-9
Gesamtherstellung: Editoria s.r.l., Trento, Italien

**Wir finden ...**

# Das fängt man mit der Angel

Unser kleiner Taschenatlas will nicht mehr sein als ein erster Leitfaden, der dem Petrijünger die wichtigsten Süßwasserfische vorstellt, ihm einiges Wissenswerte über ihre Biologie vermittelt und einfache Kniffe der Sportangelei verrät. Schließlich erhöht das „Gewußt wie" die Erfolgsaussichten beim Fischen mehr als bei anderen Sportarten, und die gesuchte Entspannung und Erholung stellt sich somit leichter ein. Freilich müssen gerade wir Sportfischer alles tun, um den Fischbestand unserer Gewässer wenigstens zu erhalten, wenn nicht zu verbessern. Hege und Pflege sind für uns eine Selbstverständlichkeit. Wer ein Wasser befischt, erkundige sich deshalb unbedingt über die örtlich gültigen Schonzeiten und Mindestmaße, berücksichtige Sperr- und Laichgebiete. Auch vergesse man nicht, daß Fische Lebewesen sind, die man nicht quälen darf. Fische, die zurückgesetzt werden sollen, behandelt man gewissenhaft und schonend; die anderen tötet man rasch und schmerzlos (durch einen Schlag auf den Kopf betäuben, dann Kiemendeckel anheben und mit dem Messer Wirbelsäule und Hauptader durchschneiden).
Fischgerechtes Verhalten sollte jeden Sportangler auszeichnen. Wissen kann hierfür den Weg ebnen. Möge unser Buch in diesem Sinne wirken.

**Erklärung der verwendeten Begriffe und Abkürzungen:**

*SK.* = Sicheres Kennzeichen
*B.* = Biologie und Naturgeschichte

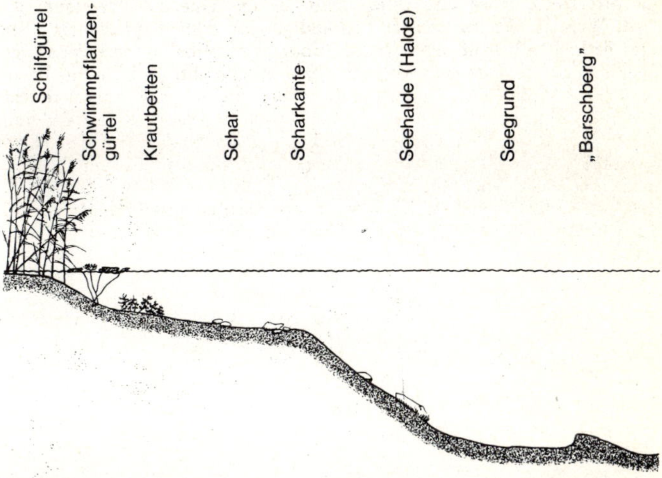


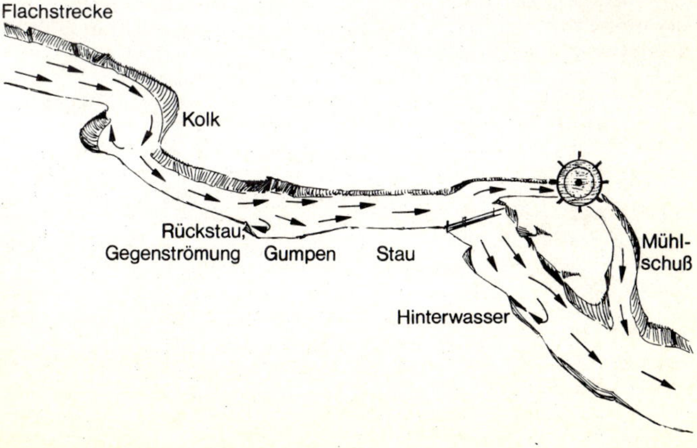

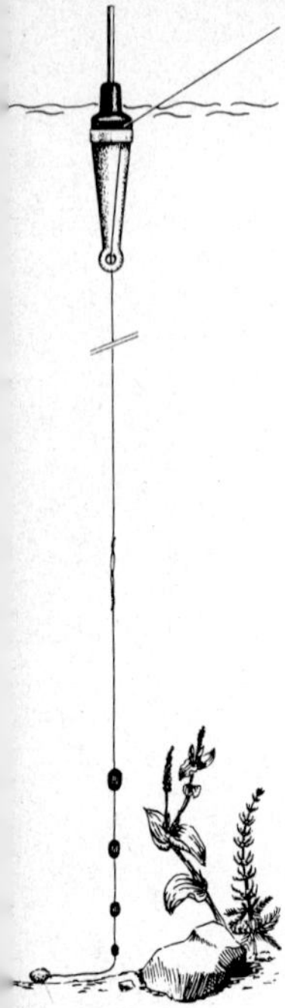

**Rotauge, Plötze,** Rotooge, Rotalter, Rotaschel
*(Rutilus rutilus* L.*)*

*SK.:* Rückenflosse beginnt über dem Ansatz der Bauchflossen. Schuppen zwischen After- und Bauchflossen abgerundet. Regenbogenhaut im Auge orangerot bis rot.
*B.:* Das Rotauge gehört zu den häufigsten Fischen Europas. Es ist in der Brachsen- und Barbenregion der Flüsse zu Hause, ebenso in nahezu allen Seetypen mit Ausnahme der kalten Hochgebirgsseen. Da es Brackwasser verträgt, findet es in den Haffen der Ostsee noch gute Lebensmöglichkeiten. In Flüssen steigt es nur selten bis in die Äschen- und Forellenregionen auf.
Rotaugen fressen grüne Pflanzenteile, Schnecken, Larven und Würmer. Meist schwimmen sie dabei sehr langsam. Freßbares wird gerne durch schräg abwärts gerichtetes Zustoßen gepackt, im Mund geprüft und nicht selten nochmals ausgespuckt, ehe es wieder ergriffen und geschluckt wird. Größere Exemplare schnappen sich auch Fischbrut. Rotaugen stehen in den Seen während des Frühsommers oft in und über Krautbetten, in der Nähe von Hafenanlagen, Campingplätzen, Bacheinmündungen, entlang des Schilfgürtels und über der Schar. Ältere Tiere bevorzugen an den entsprechenden Stellen tiefere Standorte, häufige mit Sandgrund. Sie meiden untertags flache Zonen und suchen sie meist erst in der Dämmerung auf. Im Spätsommer ziehen sie sich langsam in die Tiefe zurück. In Flüssen stehen die Rotaugen in den ruhigeren Abschnitten. Sie bevorzugen Gegenströmungen an Zuflüssen, Abschnitte unter Wehren, in denen das Wasser verhältnismäßig langsam fließt, Verflachungen am Auslauf von Gumpen und Kolken, sowie Staue aller Art.

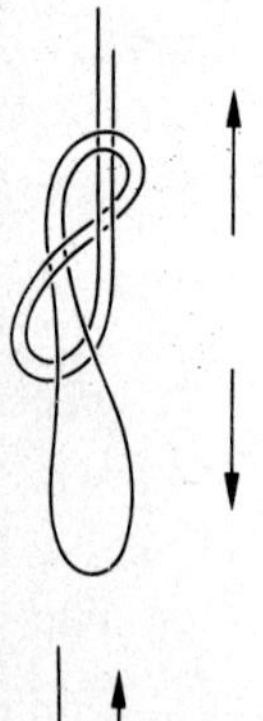

*Fang:* Jahreszeit: ganzjährig, hauptsächlich Frühsommer - Oktober. Rute: 2,5–4 m, empfindliche Aktion. Schnur: 0,15–0,25. Vorfach: 0,12–0,15. Haken: 8–14. Köder: Laub- und Mistwurm, Maden, Larven, Insekten, Teig, Brot, Algen. Kescher: ja; schließlich könnte sich auch ein gewichtiger Karpfen für den Köder interessieren!
In stehenden Gewässern bietet sich das Angeln mit dem feststehenden oder gleitenden Floß bei der Pirsch auf Rotaugen als „Methode der Wahl" an. Schlanke Floße eignen sich besser als plumpe. Stets sollte das Floß genau mit Blei austariert sein. Nur seine äußerste Spitze, die Antenne oder der Signalkork, darf aus dem Wasser ragen. Wird der Köder an der Schar über dem Seegrund oder über Krautbetten angeboten, fängt man meist nur kleinere Rotaugen, die lebhaft beißen. Den weichen Anhieb setzt man, wenn das Floß untertaucht oder sich zügig einige Zentimeter wegbewegt. Besser ist es, den Köder und etwa 20 cm des unbeschwerten Vorfachs dem Grund aufliegen zu lassen (Wassertiefe ausloten!). Große Rotaugen gehen in Seen ziemlich vorsichtig an den Köder. Straffen Sie rasch die Schnur, wenn das Floß abzieht; unter Umständen empfiehlt es sich anzuschlagen, wenn das Floß mit leichtem Zittern tänzelt! Fehlbisse lassen sich einschränken, wenn man den Köder mit dem durchlochten Bodenblei anbietet, das man in Seen möglichst leicht wählt. In Fließgewässern läßt man die so ausgestattete Angel über Grund rollen. Hier erfolgt der Anbiß meist stürmischer als in Seen. Der Köder soll in mutmaßliche Standorte langsam eingespült werden. Man kann ihn auch durch ein Floß langsam über Grund schleppen lassen. An der Flugangel lassen sich Rotaugen nur an heißen Sommertagen mit kleinen Fliegen (14–16) fangen.

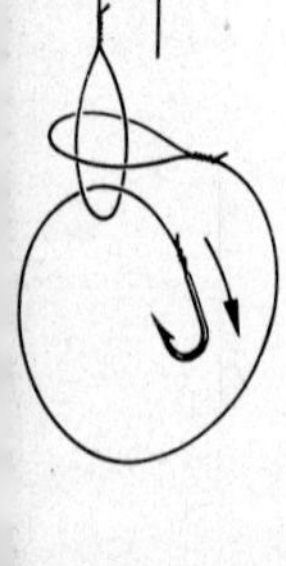

Rotaugen, die mehr als 1 1/2 Pfund wiegen, werden selten gefangen und dürfen als kapital gelten.

**Rotfeder,** Rotflosser, Rötel, Roddo *(Scardinius erythrophtalmus* L.*)*

*SK.:* Rückenflosse beginnt hinter dem Ansatz der Bauchflossen. Schuppen zwischen After- und Bauchflossen gekielt. Regenbogenhaut im Auge messing- bis goldgelb. Flossen auch außerhalb der Laichzeit meist deutlich orange- bis ziegelrot überlaufen.
*B.:* Die Rotfeder lebt in langsam fließenden Abschnitten der Brachsen- und Barbenregion sowie in Seen, deren Wasser sich in den Uferzonen während der Sommermonate auf 22–24°C erwärmt. In Fließgewässern der Äschen- und Forellenregion ist sie selten. Da die Rotfeder Brackwasser verträgt, findet sie auch in der Ostsee und im Küstenbereich der Nordsee noch zusagende Lebensbedingungen. Regelmäßig halten sich Rotfedern im und am Schilfsaum auf, oft auch im Seerosengürtel.
*Fang:* Jahreszeit: Vom zeitigen Frühjahr bis zum Herbst. Geht auch im Winter vereinzelt neben Rotaugen an die Angel. Rute: leichte Grundrute oder Fliegenrute von 2,40 - 3,00 m; im Schilfgürtel Teleskopruten oder leichte Bambusruten von 4–6 m mit empfindlicher Spitze. Schnur: 0,15–0,25. Vorfach: 0,12–0,15. Haken: 8--16; Kunstfliegen, dunklere Muster, Größe 12–16. Köder: Brotkrume an der unbeschwerten Treibangel, Teig, Mistwurm; große Rotfedern beißen auch auf kleine lebende Köderfische, zum Beispiel Elritzen, die durch die Oberlippe angeködert werden. Kescher: empfiehlt sich an unzugänglichen Uferstellen immer. Vor allem größere Rotfedern kämpfen an der Angel außerordentlich lebhaft und streben beim Landen oftmals mit letzter Kraft in nahegelegene Verstecke.

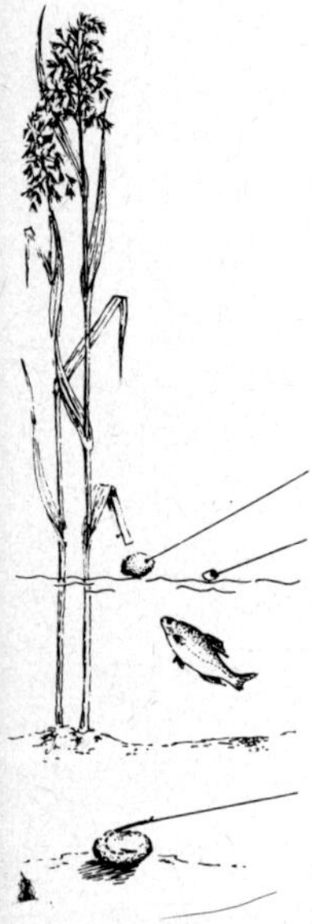

Rotfedern lassen sich besonders leicht mit treibendem Brot fangen. Dazu beködert man Haken der Größe 12 - 16 mit kleinen Stückchen von nicht mehr ganz frischen Semmeln, deren Rinde schon zäh geworden ist. Mit dem Haken durchsticht man die Rinde, an der ein unzerdrücktes Brotflöckchen hängen sollte. Den Köder läßt man an unbeschwerter, dünner Schnur mit der Strömung an der Oberfläche treiben. Wie beim Fischen mit der künstlichen Fliege muß der Anschlag gesetzt werden, sobald eine Rotfeder auf den Köder steigt und ihn eingeschlürft hat. In Seen „tippt" man mit langer Rute über den Schilfgürtel. Manchmal kann man die Fische an eine gute Angelstelle, zum Beispiel eine Anlegestelle locken und sie dort festhalten. Hierzu fädelt man mit der Ködernadel eine zerquetschte Sem el auf eine Schnur auf, verbirgt den Haken (auf den nichts beißen und der nur den Lockköder festhalten soll) im Innern des Brockens und wirft dahin aus, wo man Rotfedern in der Nähe der in Aussicht genommenen Angelstelle erspäht. Meist sind sie an ihren lebhaften Schwimmbewegungen und den roten Flossen aus mehreren Metern gut zu erkennen. Alsbald versammeln sich die Rotfedern um den Lockköder, den sie bei dem Versuch, einen Teil von ihm abzuzwacken, aufs lebhafteste im Wasser umherschieben. Durch langsames Heranziehen lockt man den Schwarm so nahe wie möglich zu sich heran. Den Fangköder wirft man in unmittelbare Umgebung des Lockköders. Mit der beschriebenen Methode erbeutet man zwar häufig viele Fische, doch stellt sie hohe Anforderungen an das Wurf- und Reaktionsvermögen. Weniger anstrengend und ebenso erfolgreich fängt man Rotfedern mit der leichten Floßangel, die flach (0,5–2 m) gestellt sein soll. An ihr bindet man größere Haken an, die man mit Teigkügelchen oder Mistwurm beködert. Die Rotfedern beißen temperamentvoll. Nach kurzem Zucken taucht der Schwimmer energisch unter. Dies ist das Signal für den weichen, doch zügigen Anschlag.
Rotfedern, die mehr als 1 1/2 Pfund wiegen, werden selten gefangen und dürfen als kapital gelten.

**Döbel, Aitel,** Schupper, Dickkopf, Alet, Möhne, Minne, Dübel, Rohrkarpfen *(Squalius cephalus* L.*)*

*SK.:* Hinterrand der Afterflosse gerade oder schwach nach außen gewölbt, keinesfalls eingebuchtet. Schuppen dunkel gesäumt. Kopf groß: Maul breit und weit; Mundwinkel nicht abwärts gezogen.
*B.:* Döbel kommen in allen Fließgewässern vor, deren Wasser nicht stark verschmutzt sind, ebenso in Seen aller Art.
Döbel sind Schwarmfische. In einem Trupp leben Angehörige verschiedener Altersklassen beieinander. Größere und ältere Döbel stehen allein an besonders günstigen Plätzen, so in oder vor ruhigen Buchten zwischen Büschen und Bäumen, unterhalb des Einlaufs von Bächen, hinter Flußkurven, an denen sich Rückstaue bilden, und unter Wehren. Döbel verhalten sich außerordentlich scheu und reagieren überaus rasch auf ungewohnte optische oder akustische Reize. Dies kann man während heißer Sommertage, an denen sie — und oft nur sie — an der Wasseroberfläche stehen, zuweilen in aller Deutlichkeit beobachten. Sobald ein Angehöriger des Trupps Verdacht geschöpft hat, sinkt ein Döbel nach dem anderen langsam auf den Grund ab und ist danach nicht zu verlocken, einen Köder zu nehmen.

*Fang:* Jahreszeit: ganzjährig. Döbel sind in den Hundstagen des August neben dem Aal oft die einzigen Fische, die einen Köder annehmen, und zwar die Trockenfliege. Rute: leichte bis mittlere Grundrute von 2,4–3,2 m Länge; leichte Fliegenrute. An Gewässern mit Schilfufern auch Teleskop- oder leichte Bambusruten von 4–6 m Länge. Schnur: 0,2–0,3; Vorfach: 0,15–0,25. Haken: 2–8. Köder: dicke, stark behechelte Trockenfliegen; Größe 10–12. Naßfliegen (Typ Alexandra Gr. 6–10). Alle überhaupt gebräuchlichen Köder möglich; besonders fängig: Maikäfer, Kirschen, Pflaumen, rote Nacktschnekken, Würmer, Käse, Teig. In vielen Gewässern nehmen Döbel im Frühjahr und Herbst kleine Blinker. Kescher: ja.
Döbel lassen sich mit allen Angelmethoden fangen, sofern man mit der nötigen Vorsicht und vor allem aus guter Deckung zu Werke geht. Sehr oft ist die Methode am erfolgreichsten, die an dem befischten Gewässer von niemandem sonst angewendet wird. Döbel besitzen nachgewiesenermaßen ein ausgezeichnetes Gedächtnis für einmal gemachte schlechte Erfahrungen. Ist ein Tier zum Beispiel von einer mit Käse bestückten Angel abgekommen, wird es denselben Köder so schnell nicht wieder nehmen. Wo der Döbel zur Hege des übrigen Fischbestandes kurzgehalten werden muß, erlegt man ihn am besten im Mai mit Maikäfern oder im Juni mit Kirschen, die an der rollenden Grundangel angeboten werden. Dazu sticht man mit einem Haken der Größen 2–4 am Stielloch der Kirsche vorsichtig so ein, daß die Spitze um den Stein herumgeführt werden kann. Dann wirft man schräg aufwärts zur Strömung aus und läßt den Köder an sich vorbei flußabwärts treiben. Eine zusätzliche Beschwerung ist meist nicht nötig. Mutmaßliche Standorte fischt man mehrmals nacheinander ab. Der Anbiß erfolgt recht stürmisch, doch empfiehlt es sich unter Umständen, schon anzuschlagen, wenn die Schnur beim Abwärtswandern plötzlich „stehenbleibt". Oftmals wird sie sich in diesen Fällen nur verhängt haben. Erfahrung hilft, hier Biß und Hänger voneinander zu unterscheiden. Die ganz großen Döbel gehen bei aller Vorsicht am ehesten an den Haken, wenn man in der kalten Jahreszeit, in der das Futter knapp und die Aufmerksamkeit geringer geworden ist, auf sie angelt. In Salmonidengewässern sollten dabei keine tierischen und keine Kunstköder verwendet werden. Döbel, die mehr als 5 Pfund wiegen, werden nur selten gefangen und dürfen als kapital gelten.

**Barbe,** Barm *(Barbus barbus* L.*)*

*SK.:* Je 2 Barteln an der Oberlippe und hinter den Mundwinkeln. Maul leicht unterständig. Körper schlank.
*B.:* Die Barbe lebt – meist in Rudeln oder Schwärmen – im lebhaft strömenden Wasser breiter Bäche, im unteren Oberlauf und im Mittellauf von Flüssen und Strömen. Das Wasser sollte sich im Sommer längere Zeit auf 20°C erwärmen. In solchen Fließgewässern ist die Barbe der beherrschende Fisch. Nach ihr führt die entsprechende Region den Namen Barbenregion. Oft dringt sie in die Äschen- und Forellenregion vor oder läßt sich in die Brachsenregion abtreiben.
*Fang:* Jahreszeit: Ende März – Ende Oktober. Rute: mittlere Grundrute von 2,40–3,2 m Länge. Schnur: 0,25–0,30. Vorfach: 0,20–0,25. Haken: 1–4. Köder: Tauwurm, Käse (zum Beispiel Emmentaler), Leberkäse, Schnecken, Muscheln; gelegentlich werden auch Maden benützt, die allerdings an feinerem Zeug montiert werden müssen. In Gewässern, in denen man mit untermassigen Fischen, vor allem mit Forellen, rechnen muß, ist dieser Köder wenig empfehlenswert, da er auch von Jungfischen gern genommen und oft so tief geschluckt wird, daß ein Lösen unmöglich ist, ohne das Tier ernstlich zu verletzen. Kescher: Unentbehrlich, falls die Barbe nicht im flachen Wasser gestrandet und dann mit der Hand ergriffen werden kann.

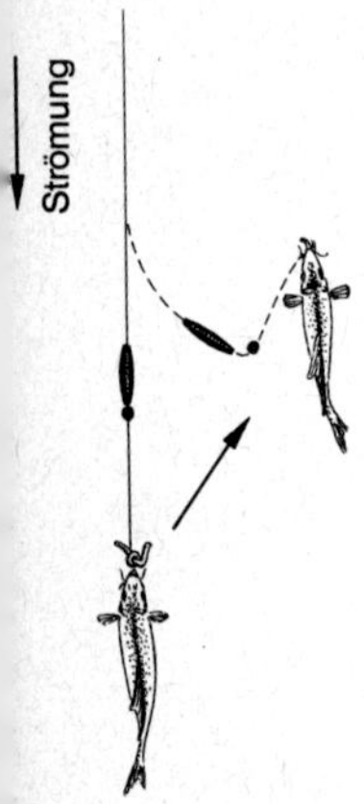


Barben gelten als launisch und schwer zu fangen. Sehr zu Unrecht, sieht man davon ab, daß sie aus einer Gewässerstrecke zeitweise fast ganz verschwinden können bzw. bei langanhaltender reicher Wasserführung kaum an den Haken gehen. Allerdings muß man sie in der Barbenregion zu finden wissen. Sie ist ja keineswegs ein einheitlicher Lebensraum. In den flachen, wirbelnden Schußstrecken steht die Barbe nach meiner Erfahrung seltener als an tieferen Stellen neben dem Stromstrich, wo das Wasser zwar noch zügig fließt, keineswegs jedoch regelrecht reißt. Auch Gumpen und Kolke, in denen ein Wirbel für stete Nahrungszufuhr sorgt, sind ein Lieblingsplatz der Barbe. Moos- und algenbewachsene Steine mit regem Kleintierleben bilden gute Weidegründe. Beim Angeln auf Barben erzielt man mit dem durchlochten Bodenblei die besten Erfolge. Das Blei sollte so schwer sein, daß es in der Strömung, in die es eingeworfen wird, gerade noch liegen bleibt. Ein über der Hauptschnurschlaufe angeklemmtes Bleischrot verhindert zuverlässig, daß das Grundblei über das Vorfach bis auf den Haken rutscht. Der Köder wird schräg zur Strömung geworfen, die Rute bei gespannter Schnur steil in eine Astgabel gestellt. Bisse erkennt man am kurz aufeinanderfolgenden Rucken der Rutenspitze (sollte das Blei doch über Grund rollen, so zuckt die Rutenspitze ebenfalls, doch schlägt sie dabei zuerst flußaufwärts aus; bei Bissen wird sie hingegen flußabwärts gezogen). Was geht da am Flußgrund vor sich? Vermutlich hat die Barbe den Köder aufgenommen und schwimmt einfach mit ihm weg. Dabei holpert das Blei über Grund, und das äußert sich in den Ausschlägen der Rutenspitze. Haken fassen in dem knorpeligen Barbenmaul nicht leicht. Daher sollte die Hakenspitze mit einem kleinen Abziehstein auf äußerste Schärfe gebracht werden. Unmittelbar nach dem Anhieb muß die Rute zügig angehoben und die Schnur rasch eingeholt werden. So wird die Barbe vom Grund weggebracht. Der Drill wird kürzer, durch schnelle, wenn auch meist enge Fluchten erregender und dennoch für den Angler aussichtsreicher, weil der Fisch keine Gelegenheit hat, sich am Boden festzustemmen.
Barben, die schwerer als 6 Pfund sind, werden selten gefangen und dürfen als kapital gelten.

## **Hasel,** Märzling, Rüßling *(Leuciscus Leuciscus* L.*)*

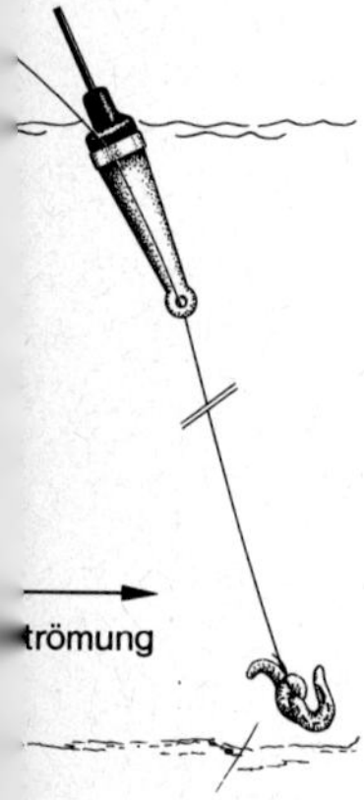


*SK.:* Hinterrand der Afterflosse eingebuchtet, Schuppen nicht dunkel gesäumt. Mund klein; Mundwinkel nach hinten abwärts gezogen. Höchstens 7–8 Schuppenreihen über der Seitenlinie.
*B.:* Wo das Wasser noch einigermaßen sauber oder nur mäßig verschmutzt ist, da lebt der Hasel, sei es in der Barben-, der Äschen- oder der Forellenregion, sofern hier im Sommer das Wasser wenigstens Temperaturen um 18°C erreicht. Nur in der Brachsenregion trifft man ihn sehr selten; in Seen ist er gleichfalls rar und in der Regel nur im Bereich der Zu- und Abflüsse zu finden.
Haseln legen zwischen März und April ihre Eier ab.
*Fang:* Jahreszeit: März - Oktober. Rute: leichte Grundrute oder Fliegenrute von 2,40–3,00 m. Schnur: 0,15–0,20. Vorfach: 0,12–0,15. Haken: 12–16. Köder: Maden, Mistwürmer, Heuschrecken, Brot; Trocken- und Naßfliegen der Größe 14–16. Kescher: nur bei sehr ungünstigen Uferverhältnissen und extrem dünner Schnur. Haseln haben ein grätenreiches, fade schmeckendes Fleisch und sind als Speisefische nicht geschätzt. Als Köderfische eignen sie sich indessen sehr gut, da sie sich an der Angel lebhaft bewegen und nicht so rasch ermüden wie zum Beispiel Lauben. Allerdings sind Haseln schwer zu fangen. Die Jagd auf sie macht zweifellos am meisten Spaß mit der Trockenfliege. Selbst wiederholtes unplaziertes Aufsetzen nehmen sie nicht übel. Diese Eigenschaft prädestiniert sie zum Sparringpartner angehender Fliegenfischer. Leider stehen sie oft ziemlich weit vom Ufer weg und sind dann nur mit Würfen von 12–15 m zu erreichen, die dem Lehrling in der Kunst des Fliegenfischens zunächst kaum gelingen. Ihm fällt es meist auch schwer, die kleine Trockenfliege im Auge zu behalten, die überdies oftmals so unvermittelt genommen und dann sofort wieder ausgespuckt wird, daß der Ungeübte häufig zu spät anschlägt. Er fängt Haseln verläßlicher bei trübem Wasser, und zwar mit der laufenden Floßangel. Hierzu montiert man ein gut sichtbares, mittelgroßes Floß; ist die Rute länger als der mittleren Wassertiefe an der Angelstelle entspricht, wählt man einen feststehenden Schwimmer, andernfalls ein Gleitfloß. Den Bißanzeiger braucht man nur grob auszutarieren; denn er darf beim Abtreiben keinesfalls von jedem kleinen Strudel unter Wasser gezogen werden. Zweckmäßigerweise sollte er etwa auf Wassertiefe stehen. Den Haken beködert man am besten mit einem kleinen Mistwurm. Dann wirft man von der Außenseite einer Flußbiegung, einer Buhne oder Insel ein und läßt den Köder abtreiben. Verwendet man eine Stationärrolle, läßt man ihren Schnurfangbügel offen. Die ablaufende Schnur bremst man sanft mit Daumen und Zeigefinger, so daß die Floßantenne oder -spitze immer zum Angler zeigt. Dann schwimmt der Köder dem Floß voraus, die Schnur macht keine unnötige Biegung und der Anschlag faßt. Bisse erkennt man am Zucken des Floßes. Spätestens, wenn es untertaucht, schlägt man an. Mit der freien Hand, die stets auf der Kurbel ruhen muß, dreht man sofort, damit der Schnurfangbügel beim Anschlag geschlossen ist. Beißt nichts, nachdem der Köder 20–30 m abgetrieben war, verhält man den Köder bei geschlossenem Schnurfangbügel und läßt ihn langsam zur Wasseroberfläche hochsteigen. Nicht selten reizt dies Barsche oder Döbel zum Anbiß, so daß man auf Überraschungen gefaßt sein muß.
Haseln, die mehr als 300 g wiegen, werden selten gefangen und dürfen als kapital gelten.

**Aland, Nerfling, Orfe,** Urf, Kühling *(Idus idus L.)*

*SK.:* Hinterrand der Afterflosse schwach eingebuchtet. Schuppen nicht dunkel gesäumt. Mundwinkel leicht nach hinten abwärts gezogen. 9 Schuppenreihen über der Seitenlinie.
*B.:* Am wohlsten fühlt sich der Aland bei uns in der Barbenregion, doch findet er auch in der Brachsenregion noch zusagende Lebensbedingungen. Stellenweise dringt er ins Brackwasser der Fluß- und Strommündungen vor, und auch in den salzärmeren Teilen der Ostsee ist er zu Hause. Seen besiedelt er, wenn ihr Wasser sich in den Sommermonaten längere Zeit auf etwa 20°C erwärmt und wenn sie Zuflüsse haben, in die der Aland zum Laichen einwandern kann. In der Äschen- und Forellenregion ist er hingegen selten.
*Fang:* Jahreszeit: März - November; Rute: leichte bis mittlere Grundrute von 2,40–3,20 m. An hindernisreichen Wassern Teleskopruten und leichte Bambusruten von 4–6,5 m. Leichte Fliegenrute. Schnur: 0,15–1,25. Vorfach: 0,15–0,20. Haken: 6–12; Köder: Beim Angeln mit der laufenden Floßangel gekochte Erbsen und gekochte Weizenkörner, Teigkügelchen, Maden, Mistwürmer. Beim Tippen mit der Teleskop- oder Bambusrute Heuschrecken oder Trockenfliegen. Kescher: sehr zu empfehlen, vor allem, wenn mit Exemplaren gerechnet werden kann, die schwerer als eineinhalb Pfund sind.

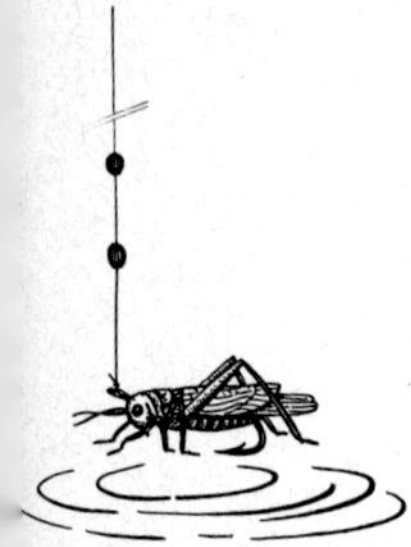

Alande sind ziemlich scheu und deshalb nicht leicht zu fangen. Im Frühjahr und Spätherbst ziehen sie in mäßig strömendem Wasser am Grunde oder in halber Tiefe umher. In dieser Zeit wird der Aland hauptsächlich mit gekochten Erbsen an der laufenden Floßangel gefangen. Da dieser Köder schlecht am Haken haftet, die Angel weit treiben muß und Alande ohnehin oft zaghaft beißen, erbeutet man auf diese Weise den Fisch nur, wenn man sich in zahlreichen Versuchen ein „Gefühl" für die richtige Köderführung und den rechtzeitigen Anschlag erworben hat. Überdies sollten Alande durch Anfüttern mit Erbsen während des Angelns am Platze gehalten werden. Besser sind die Fangaussichten im Sommer. In der warmen Jahreszeit schwimmt der Aland gerne nahe der Wasseroberfläche, steht unter oder hinter Büschen und Bäumen, von denen Insekten ins Wasser fallen. Jetzt lohnt es, nahe am Ufer stehende Alande mit der Tippangel anzugehen. An einem Haken Nr. 8 befestigt man eine Feldheuschrekke, die man zuvor durch Zerdrücken von Kopf und Brust getötet hat. Der Haken wird durch das Bruststück ein- und durch den Hinterleib ausgeführt. Mit diesem Köder tippt man – unter Ausnutzung jeder Deckung, an freien Ufern kniend oder kriechend – zunächst etwa 1 m vor dem gesichteten Fisch leicht auf, hebt ab und setzt etwa 30 cm zurück erneut auf. Dann läßt man den Köder auf den Fisch zutreiben, wobei man die Rutenspitze leicht senkt. Nimmt der Fisch den Köder, so genügt ein leichtes Anheben der Rutenspitze als Anschlag vollauf. Allerdings müssen die Haken nadelspitz sein. Für das Tippen sind überlange Ruten meist besonders geeignet. Nur zwischen Büschen und im Geäst sind ihnen kurze Ruten überlegen. Gleich welche Ruten man dazu verwendet: Beim Tippfischen muß die Schnur möglichst dünn sein (0,15–0,20). Nur dann läuft sie leicht genug durch die Schnurringe; schließlich muß der Köder oft genug an kürzester Schnur durch das Geäst bugsiert werden. Ein kleines Schrotkorn, wenige Zentimeter über den Haken geklemmt, hilft, ihn auf den Wasserspiegel hinabgleiten zu lassen. Beim Flugangeln haben sich stark behechelte Typen der Größen 10–12 bewährt. Alande, die schwerer als 3 1/2 Pfund sind, werden selten gefangen und dürfen als kapital gelten.

**Karausche,** Bauernkarpfen, Moorkarpfen *(Carassius carassius* L.*)*

*SK.:* Körper karpfenähnlich; Kopf ohne Barteln. Farbe der Seiten eher bräunlich als silbrig. An der Schwanzwurzel dunklerer Fleck (dieser fehlt dem sonst nahezu gleichen Giebel, der als Stammform der „Goldkarausche", des Goldfisches schlechthin, gilt).
*B.:* Karauschen sind Fische des stehenden oder langsam fließenden Wassers. Man findet sie in den Unterläufen der Flüsse und Ströme, vor allem aber in flachen Seen, Teichen und Dorftümpeln („Ententeichen"). Gegen Verschmutzung ist die Karausche verhältnismäßig unempfindlich. Hingegen meidet sie Gewässer, die während des Sommers nicht längere Zeit hindurch wenigstens 20°C erreichen. Kurzdauerndes Einfrieren scheint sie durchaus überstehen zu können.
Die Karausche ist bei Tag lebhafter als bei Nacht und infolgedessen wenig lichtscheu, wenngleich sie sich an heißen Sommertagen seltener an der Oberfläche sonnt als der Karpfen. Erfreulicherweise beäugt sie Freßbares nicht so mißtrauisch wie der Karpfen, läßt sich durch unvorsichtiges Verhalten nicht so schnell vergrämen und ist damit leichter zu fangen.

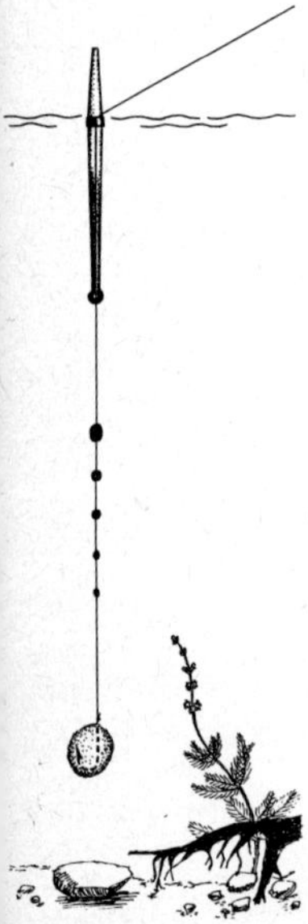

*Fang:* Jahreszeit: Je nach der Wärme des Wassers zwischen März und Dezember, hauptsächlich im Spätsommer und im Herbst. Rute: 2,5–4 m Länge, empfindliche Aktion, jedoch mit „Rückgrat". Schnur: 0,20–0,25. Vorfach: 0,20. Haken: 6–12. Köder: Würmer aller Art, Maden, Kartoffelstückchen. In vielen Gewässern gelten Teige als besonders fängig. Man stellt sie her, indem man Mehl („Spezialisten" nehmen auch noch Eier) mit Wasser zu einem zähen Teig anmacht, zu Knödeln formt, kocht, bis sie an der Wasseroberfläche schwimmen, und dann mit Mehl oder Weckmehl zu einem festen Klumpen knetet. Dabei kann man „Riechstoffe" (Krabbenöl, Moschusöl, Vanillezucker o.ä.) mit verarbeiten. Allerdings sollte dann vor dem Angeln mit gleichermaßen „beduftetem" Lockköder angefüttert werden. Kescher: ja; vor allem, wenn in dem Gewässer Karpfen leben. Karauschen fängt man am besten mit dem feststehenden Floß. Der Köder sollte in der Regel in der Nähe des Grundes angeboten werden, kann ihm aber auch aufliegen oder einige Dezimeter darüber schweben. Eine beißlustige Karausche wird ihn finden und mit meist kräftigem Zugriff nehmen, um so eher, wenn sie ihn gewohnt ist. Beim Karauschenangeln lohnt sich also das Anfüttern. Wenn man mit Teig angelt, werden die kleinen Haken ganz in einer Teigkugel versteckt. Das – je nach der Entfernung vom Ufer, in der man fischt – kleine bis mittelgroße Floß sollte so mit Blei austariert werden, daß es nur wenig über den Wasserspiegel herausragt. Der Anhieb muß gesetzt werden, nachdem das Floß untergetaucht ist oder wenn es zügig abwandert. Beim Drill muß man die Karausche davon abhalten, daß sie in Krautbetten flüchtet, sich dort versteckt und dabei die Schnur um Stengel und Blattwerk wickelt. Dies erreicht man am ehesten, wenn man unmittelbar nach dem Anhieb so viel wie möglich Schnur einholt und die Karausche damit näher zur Wasseroberfläche zieht. Gelingt es der Karausche, bei elastisch eingestellter Bremse Schnur abzuziehen und in eine unerwünschte Richtung zu fliehen, so hilft Drillen mit waagrecht gehaltener Gerte. Dabei wird auf den Fisch ein seitlicher Zug ausgeübt, wodurch er meist veranlaßt wird, seine Schwimmrichtung zu ändern. Sobald eine Karausche mit der Flachseite über Wasser gezogen werden kann, vermag sie sich nicht mehr planvoll zu wehren und kann leicht gelandet werden. Karauschen, die schwerer als 2 Pfund sind, werden selten gefangen und dürfen als kapital gelten.

**Karpfen,** Karp. Männchen = Milchner, Treiber; Weibchen = Mutterkarpf *(Cyprinus carpio* L.*)*

*Sk.:* 4 Barteln an der Oberlippe. Durch Zucht formenreich. Spiegelkarpfen: 1 Reihe großer Schuppen unter der Rückenflosse und am Ansatz der Afterflosse. Einzelne große Schuppen an der Basis der Bauchflossen und am Schwanzstiel, gelegentlich auch am Vorderrumpf; sonst schuppenlos. Lederkarpfen: Nur einzelne Schuppen. Zeilkarpfen: Flossenansätze beschuppt; entlang der Seitenlinie eine Reihe großer, regelmäßig angeordneter Schuppen. Schuppen- oder Wildkarpfen: Körper gleichmäßig mit mittelgroßen Schuppen bedeckt; schlanker als die weniger beschuppten Rassen.
*B.:* Der Karpfen gilt als hervorragender Speisefisch. Deshalb wird er in zahlreichen Teichwirtschaften gezüchtet. Der Angler schätzt ihn darüber hinaus als erstklassigen Angelfisch, der an der Angel mit Temperament, Ausdauer und List kämpft. Wo es irgend möglich schien. hat man ihn in Wildgewässer eingebracht. Gute Lebensbedingungen findet er indessen nur in stehenden oder langsam fließenden Gewässern, die sich längere Zeit auf über 20°C erwärmen, reich an Wasser- und Uferpflanzen sind und in deren Bodenschlamm zahlreiche Kleintiere gedeihen. In Flüssen sollen tiefe Gumpen, in denen der Karpfen in einer Ruhephase den Winter verbringt, mit Flachstrecken wechseln. Die Frühjahrshochwässer sollten auf grasige Uferpartien übergreifen; denn sie bieten dem Karpfen die besten Bedingungen zum Ablaichen. Die genannten Voraussetzungen sind im allgemeinen nur in der Brachsen- und Barbenregion gegeben, dazu in Stauen, Seen und Teichen. In kälteren Gewässern vermag sich der Karpfen zwar zu halten, doch wächst er schlecht ab.

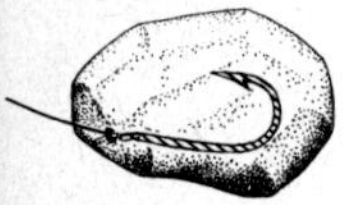

*Fang:* Jahreszeit: In Fließgewässern etwa ab Mitte März bis Dezember. In Seen beginnt die Fangzeit meist 2–4 Wochen später und endet im November. Rute: Grundrute mit mittlerer oder steifer Aktion und 2,7–5 m Länge. Schnur: 0,25–0,45. Vorfach: 0,2–0,35; in verkrauteten Gewässern auch Stahlseide. Haken: 2–8. Drillinge sollten nicht benutzt werden, da sie untermaßige Fische leicht tödlich verletzen. Köder: in Seen Kartoffeln (etwa 1 Woche anfüttern!) und Teige. In Fließgewässern werden Maden, Mist- und Tauwurm lieber genommen. Kescher: unentbehrlich! Zu groß und zu langstielig ist er beim Karpfenfang nie! Karpfen müssen vor dem Keschern ausgedrillt werden. In Seen findet man die Karpfen an denselben Orten, die auch die Rotfedern bevorzugen, in Flüssen an ruhigen Stellen, vor allem in der Nähe von Zuflüssen, besonders an solchen, die Haushaltsabwässer führen. Je höher die Wassertemperatur ist, desto eher trifft man sie im Flachwasser. Gute Standorte erkennt man leicht, da Karpfen an warmen Abenden springen. Die erfolgversprechendste Methode ist die Grundangelei. Mit einer pflaumengroßen, nicht zu weich gekochten Kartoffel oder einem großen Tauwurm braucht die Angel keine weitere Beschwerung. In stehendem Wasser muß an der Rolle der Schnurfangbügel offen bleiben. Beliebt ist auch das Karpfenangeln mit dem Gleitfloß. Das Vorfach sollte hierbei etwa 0,5 m auf dem Boden liegen. Als Stopper benutzt man ein Stückchen Gummiband, das man mit einem Doppelknoten um die Schnur knüpft. So läßt sich der Stopper leicht verschieben und sitzt dennoch nicht lose. Wenn bei Grundangeln Schnur von der Rolle läuft oder beim Floßangeln das Floß zügig wegtaucht, muß kräftig angeschlagen werden. Beim Drill sollte die Schnur nie erschlaffen.

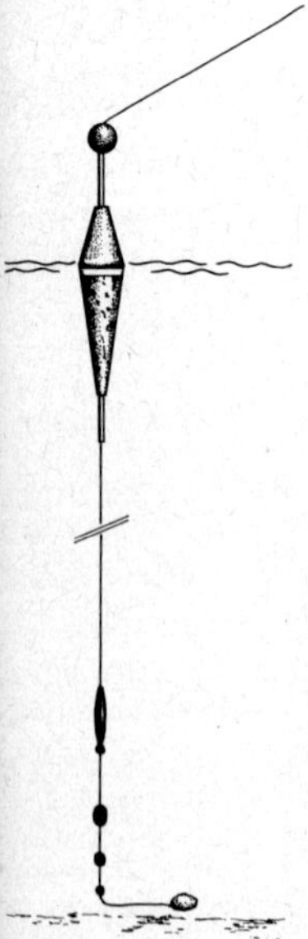

Karpfen, die mehr als 25 Pfund wiegen, werden selten gefangen und dürfen als kapital gelten.

**Nase,** Schwarzbauch, Elze *(Chondrostoma nasus* L.*)*

*SK.:* Maul unterständig, das heißt deutlich unter der vorstehenden Kopfspitze (Name!). Lippen scharf, hart, oft gelblich. Bauchfell (= Haut, die nach dem Ausweiden des Fisches an den Seitenflanken sichtbar wird) schwarz.

*B.:* Die Nase ist in der Norddeutschen Tiefebene östlich des Rheins sehr selten. Vielfach fehlt sie. Hingegen lebt sie in zahlreichen Flüssen und Bächen des Mittelgebirges; in den Voralpenflüssen ist sie sogar auf vielen Strecken der häufigste Fisch. Sie bevorzugt die mittlere und obere Barbenregion und die Äschenregion. Kiesiger und grobsteiniger Untergrund, auf dem im Sommer bräunliche Kieselalgen und grüne Fadenalgen wachsen, sagen ihr besonders zu. Diesen Algenwuchs schaben die Nasen mit ihren scharfen Maulrändern vom Untergrund ab. Er und die in ihm lebenden Klein- und Kleinsttiere sind ihre Hauptnahrung. Die meisten fädigen Algen unserer Gewässer sind zäher, als man den haarfeinen Gebilden zutraut. Die Nasen müssen oftmals „reißen", wollen sie die Fäden zertrennen oder vom Untergrund lösen. „Weidende" Nasenschwärme erkennt man daher selbst auf größere Entfernung am wiederholten Aufblitzen der silbrig bis messingglänzenden Flanken. Von oben sieht man die Fische ziemlich schlecht.

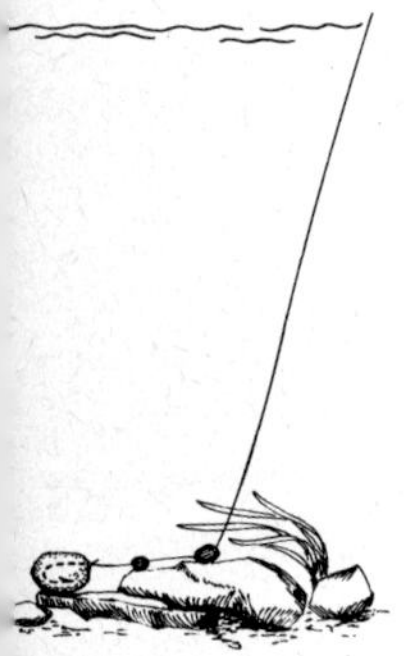

*Fang:* Jahreszeit: März–Oktober. Dort wo Nasen den Edelfischbestand zu überwuchern drohen, darf der Fang auch während der Laichzeit als hegerische Maßnahme und damit als sportlich gelten. Rute: 2,5–4 m lang, empfindliche Aktion. Schnur: 0,20–0,25. Vorfach: 0,12–0,15. Haken: 10–16. Köder: Maden, kleine Speckstückchen, Fadenalgen, kleine Mistwürmer. Kescher: meist nicht unbedingt notwendig. Auch große Nasen wehren sich wenig und können leicht auf Land gehievt oder mit der Hand gelandet werden.

Das Angeln auf Nasen erfordert hohes anglerisches Können und blitzschnelles Reaktionsvermögen. Nasen sind sehr scheu. Vergrämt sie der Angler, so ziehen sie sich 20 oder mehr Meter von ihm zurück. Eine plötzlich flüchtende Nase reißt den ganzen Schwarm mit. Sie indessen auf größere Entfernung mit dem Köder überlisten zu wollen, stößt auf ein technisches Hindernis: Der Biß einer Nase ist vergleichsweise zart. Man spürt ihn nur an der mit wenig Blei beschwerten Schnur. Gleichzeitig muß der dargebotene Köder unbedingt dem Grund aufliegen. Flucht bedeutet bei Nasen nicht Aufsuchen von Verstecken am Ufer, vor die man dann den Köder legen könnte und vor denen die Strömung schwach ist, sondern Einschwenken in den Stromstrich. Dort aber bleiben Schnüre mit leichten Bleien nicht liegen. Nasen fangen heißt also, sie an ufernahen Freßstellen mit feinstem Zeug regelrecht anpirschen. An dem feinen Vorfach sollten sich nur wenige kleine Klemmschrote befinden, die den Köder eben auf den Grund ziehen und dort festhalten. Ihre Größe bestimmt sich nach der Intensität der Strömung, die man befischt. Je geringer sie ist und dennoch Nasen Nahrung bietet, desto größer ist die Chance, Nasen mit der Angel zu erbeuten. Der Anschlag sollte nach den ersten zarten Zupfern sofort erfolgen. Man verwechsle jedoch nicht Schnelligkeit mit Stärke! Feines Zeug reißt leicht. Andererseits will selbst der gut fassende, kleine Haken in die harten Lippen einer Nase eingetrieben sein. Wegen dieser Schwierigkeiten werden Nasen auch in Gewässern, in denen sie häufig sind, oftmals kaum gefangen, selbst wenn man andere Methoden als die beschriebene anwendet (z.B. Heben und Senken des Köders, laufende Floßangel).

Nasen, die mehr als 2 1/2 Pfund wiegen, werden mit der Angel selten gefangen und dürfen als kapital gelten.

**Schleie,** Schlüpfling, Schuster *(Tinca tinca* L.*)*

*SK.:* Je 1 Bartel in den Mundwinkeln. Schuppen klein. Überall schleimig. Dunkelgrün bis bräunlich. Die umgelegten Bauchflossen männlicher Schleien überdecken den After, die Bauchflossen weiblicher Tiere erreichen ihn höchstens.
*B.:* Als eigentlicher Lebensraum der Schleie gilt die Barben- und Brachsenregion sowie Seen und Teiche mit schlammigem Boden. Hinsichtlich der Wasserwärme stellt sie geringere Anforderungen als der Karpfen, doch wächst sie in sommerkalten Flüssen und Seen oftmals schlecht ab. Andererseits nimmt sie mit kleinsten Wasserflächen vorlieb. Selbst in der Ostsee kommt sie vor. Den Winter verbringt sie an tiefen Stellen des Gewässers, wo sie sich in den Schlamm einwühlt.

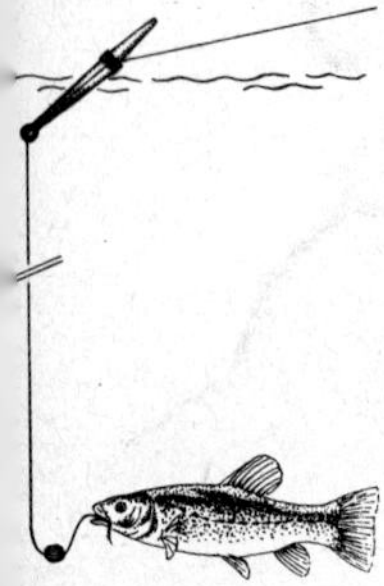

*Fang:* Jahreszeit: Ende März – Anfang November. Rute: leichte bis mittlere Grundrute von 2,7–4 m Länge. Schnur: 0,20–0,30; in stark verkrauteten Gewässern, in denen der Drill kaum möglich ist, können stärkere Schnüre zweckmäßig sein. Vorfach: 0,15–0,25. Haken: 6–12. Köder: kleine Tauwürmer, Mistwürmer, Maden, Kartoffelstückchen, Käse, Teige. Kescher: anzuraten.
Angeln wird bekanntlich als „nervenberuhigend“ empfohlen, im allgemeinen zu Recht. Schleienangeln kann indessen ausgeglichene Menschen völlig entnerven. Das liegt an der Art, wie die Schleie den Köder nimmt. Vor allem im stehenden Wasser mäkelt sie endlos an ihm herum, umschwimmt die Schnur, berührt sie dabei und setzt so den Bißanzeiger in Tätigkeit; gerne nimmt sie den Köder auf, spuckt ihn – immer am Platz verharrend – vorsichtig aus, nimmt ihn erneut und lutscht letztlich den Köder vom Haken, ohne daß der Angler eindeutig gewahr wird, welch entscheidende Veränderung sich vollzieht. Anschlagen oder nicht anschlagen heißt in solchen Fällen die Frage, die sich dem Schleienangler immer wieder stellt. Sie bestimmt wesentlich die Methode, mit der sich Schleien am ehesten fangen lassen. Beim Schleienangeln muß auch der leiseste Biß zu sehen sein. Dies erreicht man nur, wenn man mit leichtestem Floß und genau ausgewogener Beschwerung fischt. Die besten Dienste tut eine Stachelschweinpose oder ein schlankes Kielfloß. Das Floß sollte nur wenig aus dem Wasser ragen. An der Stelle, an der man angeln will, bestimmt man möglichst genau die Wassertiefe (Floßangel ohne Vorfach im Überschuß bebleien, einwerfen und Floß so lange verstellen, bis es gerade noch unter der Wasseroberfläche steht; dann Lotblei gegen ausgewogenes Blei vertauschen und Vorfach einschlaufen). Das Tarierblei sollte unmittelbar über dem Grund, allerhöchstens 3 cm darüber sitzen. Das kurze Vorfach mit dem Köder liegt auf dem Grund. Schleien ergreifen Bodennahrung durch schräges Nach-unten-Stoßen; während sie die Nahrung prüfen, nehmen sie eine waagrechte Körperhaltung ein. Dadurch wird das Blei emporgehoben, das Floß taucht auf, und jetzt muß der Anschlag erfolgen. Beim Drill darf der Fisch nicht ins Kraut fliehen. Tut er es doch, ist mit Reißen meist nichts gewonnen. Geduld und Klopfen auf die Angelrute, wodurch die gespannte Schnur ins Vibrieren kommt, helfen mehr. In stehenden Gewässern empfiehlt es sich, „Lichtungen“ auszukrauten, die man mit feinzerbröselten Kartoffeln längere Zeit hindurch anfüttert. Einhellig gelten die Morgen- und Abenddämmerung als beste Schleienfangzeit. Im Spätherbst versprechen die Mittagsstunden mehr Erfolg. In strömendem Wasser, gelegentlich auch in Seen, beißt die Schleie ebenso entschlossen wie eine Rotfeder.
Schleien, die mehr als 3 1/2 Pfund wiegen, werden selten gefangen und dürfen als kapital gelten.

**Brachsen, Blei,** Brassen, Bresein, Breitling *(Abramis brama* L.)

*SK.:* Maul größer als der Durchmesser des Auges, stark schleimig Die ähnliche, aber viel kleinere und nicht geschätzte Güster fühlt sich nicht schleimig, sondern schwach rauh an.
*B.:* Der Brachsen hat der untersten Region unserer Flüsse und Ströme ihren Namen gegeben. Dort ist er zu Hause, und auch geringer Salzgehalt, wie er für das Brackwasser typisch ist, macht ihm gar nichts aus. Falsch wäre es indessen, ihn nur dort zu suchen. Man findet ihn gleichermaßen in Weihern und kleineren Seen; und selbst in den klaren, tiefen und ziemlich kalten Seen des Alpenvorlandes und in größeren Flußstauen kommt er in bedeutenden Beständen vor. Auf den ersten Blick scheinen diese Lebensräume wenig miteinander gemein zu haben außer dem stehenden oder sehr langsam fließenden Wasser. Das freilich liebt der Brachsen. Doch braucht er zum Gedeihen noch etwas Weiträumigkeit; denn er ist ein ausgesprochener Schwarmfisch. Wo er vorkommt, ist er zumeist häufig. Sein Wohngewässer sollte genügend Schlammgrund haben. Hier leben die roten Zuckmückenlarven, die zur natürlichen Hauptnahrung des Brachsen gehören. Vor allem aber ist der Brachsen – zumindest an Sonnentagen – ausgesprochen deckungsbedürftig. Flachere Gewässer, die er bewohnt, müssen deshalb genügend Trübung aufweisen. Am günstigsten wäre hier planktonreiches Wasser, doch nimmt der Brachsen auch ziemlich große Verschmutzung in Kauf.

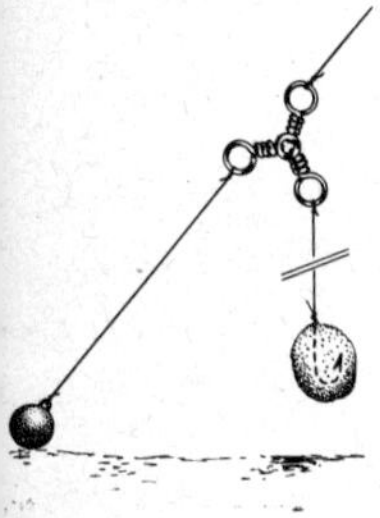

*Fang:* Jahreszeit: April – November. Rute: Vom Boot aus leichte bis mittlere Grundrute von 2,20–2,50 m Länge. Vom Ufer (Schilfgürtel) leichte und mittlere Teleskop- oder Bambusruten bis zu 6 m Länge. Schnur: 0,20–0,35. Vorfach: 0,15–0,25. Haken: 6–14. Köder: Laubwurm, Tauwurm, Mistwurm, Maden, Kartoffeln, Teig. Kescher: ja. „Weidende" Brachsenschwärme verraten sich nicht selten durch Trübung des Seegrundes oder durch lebhaftes, örtlich begrenztes Aufsteigen von Gasblasen. Bietet man den Köder an solchen Stellen auf Grund mit einem Schwimmer als Bißanzeiger an, so kippt dieser um, weil der Brachsen mit Genießbarem im Maul häufig nach oben schwimmt. In solchen Fällen muß der Anschlag sofort und kräftig gesetzt werden. Eine lange Rute ist hier von Vorteil, da sie den entstehenden Schnurbauch durch die größere Wegstrecke der Rutenspitze beim Anhieb rasch überwindet. Für die Uferangelei in stark verschlammten Gewässern empfiehlt sich hingegen das Angeln mit dem einfachen „Paternoster". Hier wird am eigentlichen Schnurende ein „Dreiwegewirbel" angebunden. In die untere Öse schlauft man ein etwa 50 cm langes, normalstarkes Schnurstück, an dessen Ende ein ausreichend schweres Grundblei befestigt wird. Die seitliche Öse nimmt das 20–30 cm lange, dünnere Vorfach mit dem beköderten Haken auf. Ein Gleitfloß, das auf etwas mehr als Wassertiefe eingestellt wird, dient als Bißanzeiger. Zwischen ihm und der steil gestellten Rute sollte die Schnur so angezogen werden, daß das Gleitfloß schräg steht. Dadurch wird zwischen Bodenblei und Bißanzeiger die Schnur straff und in mehr oder minder steilem Winkel zum Untergrund gehalten. Der Köder, dessen Vorfach mit kleinen Schrotkörnern beschwert wird, hängt unmittelbar über Grund oder liegt diesem lose auf. Der Anhieb muß spätestens gesetzt werden, wenn das Gleitfloß untertaucht oder längere Zeit „tanzt". Der Drill eines Brachsens ist meist enttäuschend. Nach anfänglichen kurzen Fluchten läßt er sich widerstandslos heranziehen und keschern („Blei").
Brachsen, die mehr als 5 Pfund wiegen, werden an der Angel selten gefangen und dürfen als kapital gelten.

**Laube, Ukelei,** Albele, Laugele, Grasele, Blinke *(Alburnus alburnus* L.*)*

*SK.:* Unterkiefer länger als Oberkiefer (Maul „oberständig"). Vorderrand der Afterflosse weiter kopfwärts als Hinterrand der Rückenflosse.
*B.:* Die Laube gehört zu den verbreitetsten und am zahlreichsten vorkommenden Fischen der Brachsenregion der mitteleuropäischen Flüsse und der stehenden Gewässer. Auch in der Ostsee kommt sie vor. In den kalten Voralpen-, Mittelgebirgs- und Alpenseen ist sie seltener. Lauben sind Schwarmfische. Zu Hunderten stehen sie im Sommer nahe der Wasseroberfläche; gelegentlich springt eine, ohne daß der Schwarm von Barschen oder Rapfen überfallen würde. Lauben nehmen kleine Anflugnahrung auf. Die Hauptnahrung dürften winzige Planktonlebewesen sein. Bei trübem Wetter und in der kälteren Jahreszeit stehen die Lauben tiefer und schlürfen dann kleine Bodentiere als Nahrung ein. Die Laube ist einer der wichtigsten Köderfische.

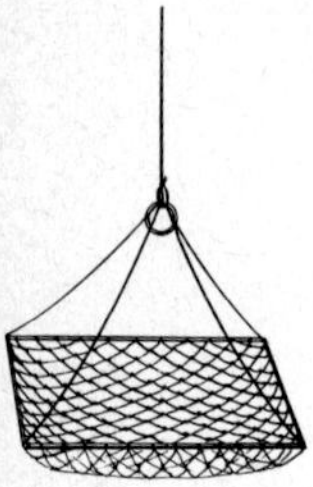

*Fang:* Jahreszeit: ganzjährig, besonders pedoch im Hochsommer und Herbst. Rute: leichte Fliegenrute, leichte Grundrute von 2,5–3,2 m Länge. Schnur: 0,15. Vorfach: 0,12. Haken: 12–16. Köder: Kleinste Kunstfliegen (Größe 16–18, mittelstark behechelte Muster, mit denen trocken und halbversunken gefischt werden kann), Maden, kleine Mistwürmer, Heuschrecken, Brotkrumen, Teig. Kescher: nur nötig, wenn mit dem Biß anderer, schwerer Fische gerechnet werden muß. Lauben lassen sich mitunter dutzendweise und in kürzester Zeit fangen, und zwar mit jedem der angeführten Köder. Zuweilen bringt nur die Flugangelei oder das Tippfischen mit künstlichen Fliegen oder kleinen Heuschrecken nennenswerten Erfolg. Da Lauben von Sportfischern üblicherweise nur als Köderfische gebraucht werden, will man nicht zu viel Zeit mit ihrem Fang vergeuden. In vielen Gewässern wird deshalb zum Laubenfang ein „Köderhamen" benutzt. Darunter versteht man ein meist quadratisches Senknetz, dessen Halteseile über einen Ring mit den Eckschnüren (bei manchen Modellen auch mit Eckdrähten) verbunden ist. Für den Laubenfang genügt ein Senknetz mit 1 m² Fläche vollauf. Ein größerer Hamen ließe sich nur mit erheblichem Kraftaufwand handhaben; überdies könnte ein solches Gerät zum unsportlichen Fang anderer Fische mißbraucht werden. Deshalb wird er in den meisten von Angelvereinen bewirtschafteten Gewässern ausdrücklich verboten. Wie fängt man nun mit dem Köderhamen? Man sucht sich am besten einen hohen, in das Gewässer vorspringenden Standort (Bootssteg, Kaimauer usw.) und hält nach einem Laubenschwarm Ausschau. Dann wirft man das Netz ein, am besten mitten in den Schwarm. Zwar werden die Lauben zunächst nach allen Richtungen auseinanderstieben, aber da sie nicht allzu scheu sind, sich nach einiger Zeit wieder am alten Standort versammeln. Jetzt zieht man das bis zum Grund oder doch 2–3 Meter unter die Wasseroberfläche abgesenkte Netz erst langsam, dann immer zügiger ein und hebt es mit einem Ruck über die Wasseroberfläche, und schwenkt es sofort über Land, wenn es Lauben enthält. Damit diese sich nicht durch Schwanzschläge befreien können, sollte das Netz wenigstens 30 Zentimeter von den Kanten aus zur Mitte durchhängen. Wo man gezwungen ist, den Hamen an einem langen Stiel anzubinden, braucht man schon gehörig Kraft, bis man die gewünschte Anzahl von Köderfischen gefangen hat. Gelegentlich kann man Laubenschwärme durch Anfüttern mit Weckmehl (Brotkrümel tun's auch) unmittelbar ans Ufer locken, sofern man den Griff zur vielversprechenden Flugrute nicht vorzieht.
Lauben wiegen selten mehr als 100 g. Schwerere Fische gelten als Ausnahme und werden sehr selten gefangen.

**Russnase, Zährte** *(Abramis vimba* L.)

*SK.:* Oberkiefer bildet eine tief blaubraune oder schwarze, vorstehende Schnauze. Maul daher unterständig.

*B.:* Die Rußnase lebt im Einzugsgebiet der Donau, doch dringt sie hier nur selten bis Ulm vor. Ihre Heimat sind daneben die Gewässer der Ostsee und das Stromgebiet der Wolga einschließlich des Kaspi-Sees. Auch im Stromgebiet der Weser wurden Rußnasen schon gefangen (Diemelsee). Vor allem zur Laichzeit zwischen Mai und Juni wandern die Rußnasen oft weit stromauf. In einigen Voralpenseen kommt eine kleinwüchsige Lokalform vor.

*Fang:* Rute: Leichte Grundrute von 2,80–3,20 m. Schnur: 0,15–0,25. Vorfach: 0,10–0,20. Haken 10–16. Köder: Maden, Mistwürmer. Kescher: ja. Der Angler erbeutet die Rußnase in der Regel nur zufällig, und zwar meist an der Grund- oder Paternosterangel, wenn er es mit besonders feinem Zeug auf Rotaugen, Brachsen oder Schleien abgesehen hat. In Mitteleuropa kommt der eigenartige Fisch nirgends häufig vor. Sein Fleisch gilt trotz vieler Gräten als wohlschmeckend, vor allem geräuchert. Wer eine neugierige Zunge besitzt, dem sei dieser Fisch deshalb empfohlen, obwohl er meist kleinwüchsig bleibt. Exemplare von 750 g werden nur selten gefangen und dürfen als kapital gelten. Immerhin wurde 1962 im Diemelsee eine Rußnase von 1500 g gefangen! Bei seltenen Fischen wie ihr – die obendrein keine besondere Kunstfertigkeit beim Fang verlangen – lohnt es sich meist nicht, ihnen mit einer speziell ausgeklügelten Methode nachzustellen. Dennoch sind es oftmals Ferienangler, die sie erbeuten und die dann nicht wissen, was sie gefangen haben.

Zu den seltenen und oftmals verkannten Fischen gehört auch die *Seelaube* oder *Mairenke (Alburnus mento* Ag.), die vor allem in den Voralpenseen gefangen wird, wenn man mit leichtem Zeug dicht unter der Oberfläche auf hochstehende Barsche oder Hechte spinnfischt. Dieser Fisch verdient deswegen Aufmerksamkeit, weil er an heißen Sommertagen oft der einzige ist, der an die Spinnangel geht. Für den Fang ist folgendes Gerät empfehlenswert: Rute: leichte Spinnrute von 1,5–2,0 m. Schnur: 0,15–0,20. Vorfach: gleiche Stärke; Wirbel zwischen Vorfach und Schnur. Köder: Devon. Weiß man nicht, wo Seelauben stehen, schleppt man rascher als üblich ufernahe, steinige Stellen großflächig ab. An Kiesufern kann man auch mit weiten Würfen spinnfischen, wobei der Devon rasch und dicht unter der Oberfläche eingeholt werden sollte. Bei diesem Verfahren läßt sich die Seelaube meist weit eher als ein Barsch oder ein Hecht zum Biß verleiten, da ein Devon für sie klein genug ist und bei schnellem Lauf deutliche, doch nicht unnatürlich starke Druckwellen erzeugt. Nach dem Anbiß kämpft die Seelaube mit einer Kraft, die niemand dem kleinen Fischchen zutrauen würde.

Häufig wird die Mairenke von der Laube gar nicht unterschieden, und nur die Größe, die meist um 20–25 cm liegt, macht den Fänger stutzig, was ihm denn da an die Angel gegangen sei. Eine Verwechslung mit einem Jungrapfen läßt sich ausschließen: Das Maul der Seelaube ist nämlich nur bis zum Vorderrand der Augen gespalten, das des Rapfens ist deutlich tiefer. Zum Verzehr kann man die Seelaube nicht empfehlen; ihr Fleisch ist grätenreich und weich. Als Köderfisch ist sie gut. Exemplare von mehr als 300 g werden selten gefangen und dürfen als kapital gelten.

Beide Arten wurden hier stellvertretend für etwa ein halbes Dutzend Fische genannt, die in Mitteleuropa nur örtlich und dann meist nicht häufig vorkommen oder die sehr selten an die Angel gehen.

**Gründling, Gresse,** Grundel *(Gobio gobio* L.*)*

*SK.:* 2 kurze Barteln in den Mundwinkeln. Rücken graugrün, dunkel gepunktet. Entlang der Seitenlinie dunklere Flecken.

*B.:* Gründlinge finden sich vom Brackwasser der Ostsee bis in die Gumpen der Forellenregion, von großen, klaren Seen bis zu kleinen Weihern, ja Tümpeln. Besonders gut gedeiht der Gründling in den Hinterwassern und Kolken schnellfließender, sauberer Flüsse und Bäche, an deren Grund sich feinster Sand und Schlamm aufhäuft. Diesen nimmt er mit seiner vorstülpbaren Schnauze auf, speit ihn wieder aus und jagt in der entstehenden Trübe dem Brocken nach, der ihm als Nahrung am vielversprechendsten scheint. Im trüben, steigenden Wasser, wie es in nicht zu breiten Fließen nach starken Regengüssen auftritt, sucht er auch in halber Wassertiefe nach Freßbarem. Gründlinge „fischen also im Trüben", und wer auf Gründlinge fischen will, darf in dem betreffenden Gewässer ruhig mit einer Stange den Schlamm aufwühlen. Er wird die Grundeln dadurch nicht verscheuchen, sondern anlocken. Stets stehen sie in kleinen Trupps zusammen. Unruhig schießen sie in Bodennähe von Deckung zu Deckung. Schließlich sind sie für viele größere Raubfische eine geschätzte Beute. Da ihr Fleisch als Delikatesse gilt (manche Feinschmecker angeln geradezu auf den Gründling), ist dies verständlich, ebenso ihre Wertschätzung als Köderfisch, der lebend angeboten wird. Grundeln sind überdies zählebig, haben als Köderfisch indessen den Nachteil, daß sie dem Grunde zustreben. Wo man tiefstehenden Hechten sonst nicht beikommt, verspricht ein Gründling als Lebendköder Erfolg.

*Fang:* Jahreszeit: April – Oktober. Rute: leichte Grundrute von 2,2–3 m Länge. Schnur: 0,15–0,25. Vorfach: 0,12. Haken: 8–14. Köder: Laub- oder Mistwürmer, Maden, Wurst, Teig, Käse. Kescher: unbedingt zu empfehlen. Wo Grundeln stehen, pflegen sich meist größere Fische anderer Arten, vor allem Döbel, gelegentlich auch Karpfen, aufzuhalten. Deshalb sollte man weder Schnur noch Vorfach oder Haken zu fein und zu klein wählen, selbst wenn man es ausschließlich auf Gründlinge abgesehen hat; denn diese nehmen an weniger feinem Zeug keinen Anstoß. Es gehört nicht nur anglerisches Geschick, sondern Glück dazu, einen mehrpfündigen Karpfen an einem Vorfach zu landen, das feiner als 0,12 ist. „Feinfischerei" dahin zu übertreiben, daß jeder kräftige Fisch abkommt und durch die erlittene Verletzung verludert, kann nicht Ziel fischgerechten Angelns sein.

Gründlinge fängt man am besten mit der feststehenden Floßangel, wie man sie für die Angelei auf Rotaugen benutzt. Der Anbiß erfolgt meist so zügig und ruckartig, daß man unwillkürlich glaubt, man hätte es mit einem „ganz Großen" zu tun, zumal Grundeln rechte ansehnliche Köder (Laubwurm!) ohne weiteres nehmen. Bei seinen stürmischen Angriffen hakt sich das Fischchen an der Floßangel meist selbst und ein „Anhieb" ist nicht mehr nötig. Wer an grundelreichen Gewässern mit kleinen Ködern (vor allem Mistwürmern) und festliegendem Bodenblei auf Schleien, Karpfen, Brachsen usw. fischt, wird immer wieder erleben, daß eine kleine Grundel den großen Köder geschluckt hat, ohne daß er das geringste davon gewahr geworden wäre. Andererseits vermögen kräftige Grundeln auch den Biß eines großen Fisches vorzutäuschen.

Wer Grundeln essen will, sollte sie schuppen, ausnehmen, waschen, kurz in Mehl wälzen, salzen und dann in schwimmendem Fett knusprig braun braten. Fischliebhaber essen sie mitsamt den Gräten. Grundeln, die mehr als 100 g wiegen, werden selten gefangen und dürfen für ihre Art als kapital gelten.

**Kaulbarsch,** Rotzbarsch, Kutt, Stuhr *(Acerina cernua L.)*

*SK.:* Rückenflossen miteinander verwachsen. Erste Rückenflosse bei abgespreizten Stacheln höher als die zweite.

*B.:* Der Kaulbarsch lebt vor allem in der Brachsenregion der Flüsse und Ströme, in den salzarmen Teilen der Ostsee und in Seen des Norddeutschen Tieflandes; in Süddeutschland ist er seltener.

Der Kaulbarsch ist ein Schwarmfisch. Viele Hunderte ziehen untertags am Ufer der Seen entlang auf der Suche nach Nahrung. In Flüssen halten sie sich meist mehr in der Tiefe von Uferbuchten, unter Bäumen, in kleinen Rückstauen und im Stillwasser in der Nähe des Schilfgürtels auf. Bei trübem Wetter und in der kalten Jahreszeit stehen sie immer tiefer als an hellen Sommertagen.

Wie der Flußbarsch kann auch der Kaulbarsch in manchen Gewässern zum vorherrschenden Fisch werden, sehr zum Leidwesen der Angler, denen er seiner geringen Größe wegen als Beute meist wenig willkommen ist. Zudem stürzt sich der Kaulbarsch mit solchem Temperament auch auf vergleichsweise große Köder, daß der Unerfahrene meint, er habe mit Sicherheit einen „Riesenfisch" erwischt.

*Fang:* Jahreszeit: ganzjährig, vor allem unmittelbar vor und nach der Laichzeit. Rute: Grundrute von 2,5–4 m Länge mit empfindlicher Aktion. Schnur: 0,15–0,25. Vorfach: 0,12–0,20. Haken: 6–12. Köder: Laub- und Mistwurm, Maden, Larven, kleinste Köderfische, Kescher: nur bedingt erforderlich (siehe unten).

Kaulbarsche lassen sich am besten an der Angel mit dem feststehenden Floß fangen. Den Köder bietet man so lange in verschiedener Wassertiefe an, bis man den ersten Kaulbarsch gefangen hat. Dann verändert man die Tiefeneinstellung erst wieder, wenn das Beißen nachlassen sollte. Meist nehmen die Kaulbarsche den Köder zwischen halber Wassertiefe und dem Gewässergrund an. Ist man gezwungen, grundnah auf Kaulbarsche zu angeln, so kann man unter Umständen auch mit Bissen von größer werdenden Fischen rechnen. Je kleiner Haken und je feiner Schnüre und Vorfach sind, mit denen man fischt, desto eher empfiehlt es sich, den Kescher griffbereit zu halten.

Das Fleisch der Kaulbarsche gilt als gut, doch lohnt es die Mühe kaum, die kleinen Fischchen für die Küche herzurichten, zumal sich Kaulbarsche – wie ihre Verwandten Flußbarsch und Zander – der tief in der Haut steckenden, stachligen Kammschuppen wegen nur schwer entschuppen lassen. Fischsud, aus dem man Soßen herrichten oder in dem man weniger wohlschmeckende Fische kochen will, läßt sich geschmacklich verbessern, wenn man Kaulbarsche mitkocht. Damit ihre Stachelschuppen nicht in den Sud gelangen, bindet man die ausgenommenen Kaulbarsche zweckmäßigerweise in ein sauberes Leinentuch ein. Auch die „Stuhrensuppe", wie sie an der Unterelbe heißt, wird aus Kaulbarschen hergestellt. Die bis zum Zerfallen gekochten, ausgenommenen, aber nicht geschuppten Kaulbarsche (ca. 1 Pfund für 4 Teller) werden durch ein feines Sieb gerührt, das Gräten und Schuppen verläßlich zurückhält. Die so erhaltene Suppe dickt man mit 2–3 Eigelb (handwarm einrühren!) und 1/8 l Sauerrahm ein und schmeckt sie mit Gewürzen nach Belieben ab. Kaulbarsche, die in den Haffen der Ostsee leben, werden so groß, daß sich das Schuppen lohnt. Sie kann man in all den Arten zubereiten, in denen man Barsch oder Zander auf den Tisch bringt.

Kaulbarsche, die mehr als 150 Gramm wiegen, werden in den Binnengewässern selten gefangen und dürfen für ihre Art als kapital gelten. In den Haffen der Ostsee können die Kaulbarsche allerdings bis zu einem Gewicht von nahezu einem Pfund heranwachsen.

**Flussbarsch,** Kretzer, Egli, Bersig *(Perca fluviatilis* L.*)*

*SK.:* Basis der ersten Rückenflosse deutlich länger als die der zweiten Rückenflosse. Junge und schlecht ernährte Barsche sind schlanker und weniger lebhaft gefärbt als ältere und größere.
*B.:* Der Name „Flußbarsch“ ist fast irreführend, denn der Flußbarsch kommt nicht nur in Flüssen vor, sondern ebenso in Seen aller Art, vom eher kalten Hochgebirgssee über die Maare der Eifel (in denen er zum Teil besonders gut abwächst) bis zu warmen, flachgründigen Weihern. Auch im Brackwasser der Ostsee sagen ihm die Lebensbedingungen zu. In den Fließgewässern bevorzugt er die Brachsen- und Barbenregion; nur vereinzelt steigt er in die Äschen- und Forellenregion auf. In manchen Seen hat er sich – wenigstens zeitweise – so vermehrt, daß man geradezu von einer „Barschexplosion“ sprechen kann. Natürlich ist er selber dann sein schärfster Futterkonkurrent. Kleinwüchsigkeit ist die Folge. Mehrjährige Fische, die längst laichreif geworden sind, erreichen dann kaum Handlänge. In kleineren Seen kann man die Frohwüchsigkeit wieder herbeiführen, wenn man den Bestand durch Hechte dezimieren läßt.
Barsche stehen in den Fließgewässern meist an Rückläufen, in Stauen und Hinterwassern, in die reichlich Freßbares eingeschwemmt wird. In Seen bevorzugen sie die Halde und Erhebungen des Seegrundes („Barschberge“). Großbarsche halten sich auch im Sommer häufig tiefer auf als kleinere, die man auch untertags im Flachwasser über der Schar und vor dem Schilfgürtel antrifft. Barsche jagen gelegentlich in Schwärmen auf Jungfische. Sie treiben sie im Halbkreis zusammen und schnappen nach allem, was ihnen vors Maul kommt. In solchen Augenblicken beißen sie sogar auf den blanken Haken, und dies, obwohl sie oftmals noch lebende Beutefische im Rachen haben.

*Fang:* Jahreszeit: ganzjährig, hauptsächlich im Hochsommer und Herbst. Rute: leichte Grundrute von 2,5–3,2 m Länge oder leichte Spinnrute von 1,5–2,5 m Länge. Schnur: 0,20–0,25. Vorfach: 0,20. Haken: 2–8. Köder: Würmer und kleine Köderfischchen aller Art. Kunstköder (Blinker, Spinner, Tunkfische in kleineren Größen). Kescher: immer nötig, wenn in dem beangelten Wasser Hechte leben. Barsche selbst sollte man, wenn irgend möglich, ohne Kescher aus dem Wasser heben, da sie beim Einholen gern ihre Rückenflosse spreizen und sich dann in den Maschen des Keschers übel verheddern. Barsche lassen sich aus demselben Grund nicht leicht mit der Hand greifen, wenn man Verletzungen vermeiden will.

Obwohl Barsche sowohl mit der Floßangel, der Grundangel und der Spinnrute gefangen werden können, ist in der zweiten Jahreshälfte das „Heben und Senken“ vielfach die erfolgversprechendste Methode. Hierzu benutzt man beim Fischen vom Boot eine kurze Spinnrute (1,5–2 m) und als Köder einen Kosak, einen Spinner mit möglichst rundem Spinnblatt oder örtlich bewährte Spezialköder („Zocker“, „Wunderfischli“, „Nuggi“ u. ä.). Man läßt den Köder bis auf den Grund absinken, hebt die Rute zügig und senkt sie rasch wieder, bis der Köder erneut auf Grund stößt. Hat man den ersten Barsch gefangen, verankert man das Boot; denn jetzt darf man für einige Zeit mit weiteren Anbissen an der Stelle rechnen. Läßt das Beißen nach, sucht man erneut. Vom Ufer läßt sich diese Technik ebenfalls anwenden; nur muß dann die benutzte Rute länger sein. Der Köder sollte zu Boden sinken (Schnurfangbügel offen lassen, bis keine Schnur mehr von der Rolle läuft) und ruckweise eingeholt werden.
Barsche, die mehr als 3 Pfund wiegen, werden selten gefangen und dürfen als kapital gelten.

**Rapfen, Schied,** Mulpe *(Aspius aspius L.)*

*SK.:* Unterkiefer vorgeschoben (Maul „oberständig"), bis tief unter die Augen gespalten; keine Fettflosse.
*B.:* Der Rapfen lebt im Einzugsgebiet der Ostsee, in Süddeutschland, und zwar vor allem in der Donau und einem Teil ihrer Zuflüsse, sowie im Ammer- und Chiemsee. Von allen karpfenartigen Fischen, die bei uns heimisch sind, ist er der einzige wirkliche Raubfisch.

*Fang:* Jahreszeit: meist im Sommer mit oberflächennah geführten Spinnködern. Im Winter selten an tief gestellter Floßangel mit kleinen lebenden Köderfischen. Rute: leichte, jedoch möglichst 2,2–2,8 m lange Spinnrute mit viel Elastizität, die weite Würfe erlaubt. Schnur: 0,2–0,25. Vorfach: 0,20–0,25, am Ende unbedingt mit einem Einhängewirbel. Haken: kleine (höchstens 6 cm lange) eigenschwere Spinner mit nur einem Schwanzdrilling, oder kleine, tote Lauben an Spinn- und Wobbelfluchten. Kescher: unbedingt erforderlich.

Rapfen sind nicht allzu häufig. Zudem lassen sie sich nur schwer mit der Angel erlegen. Sie sind sehr scheu und halten sich meist in größerer Entfernung vom Ufer auf. Sie bemerken vor allem rasche Veränderungen der Szenerie und werden unter Umständen noch auf Entfernung zwischen 20 und 30 Metern durch unvorsichtiges Verhalten vergrämt. Wer Erfolg beim Rapfenangeln haben will, muß also sehr weit und sehr zielsicher werfen können. Schon um dies zu erleichtern, sollte man mit der Schnurstärke keinesfalls höher als 0,25 gehen. Wo die Benutzung toter Köderfische erlaubt ist, fängt man mit einer toten Laube meist besser als mit jedem Kunstköder. Vorteilhafterweise ködert man sie an ein hakenarmes System, das mit einem Metallzapfen durch das Maul des Fisches eingeführt wird und an dessen Vorderende sich eine gekrümmte Flossenschaufel befindet. Bei raschem Einholen der Schnur dreht sich der Köderfisch dadurch lebhaft. Dies läßt nicht nur seine Flanken leuchtend aufblitzen, sondern wirkt gleichsam als Sender für Druckwellen, die der Rapfen mit seinem Seitenorgan wahrnimmt. Beim Angeln auf Rapfen kann der Köder kaum schnell genug eingeholt werden. Wenn er kurz aus dem Wasser spritzt, ist das kein Nachteil. Der Rapfen muß also mit großer Geschwindigkeit angreifen und zupacken. Er wird seine Beute um so eher erwischen, je weniger sie ihren Kurs ändert. Dies sollte man beim Anködern der Laube bedenken. Verkrümmt man hierbei den Fisch, so spinnt er nicht nur, sondern schießt auch beträchtlich nach der Seite und nach unten. Der Seitendrilling darf das Köderfischchen also nicht biegen. Damit man bei der geschilderten Form der Angelei, die die Haltbarkeit des Köders doch arg strapaziert, nicht nach jedem 2. oder 3. Wurf neu anködern muß, empfiehlt es sich, die Laube an der Verteileröse der Spinnflucht mit dünnem Kupferdraht festzubinden. Natürlich darf hierdurch die Beweglichkeit des Systems nicht beeinträchtigt werden. Ist man gezwungen, mit künstlichen Ködern zu spinnen, so erreicht man flaches Laufen auch bei ziemlich schweren Blinkern dadurch, daß man schnell einkurbelt und die Rutenspitze weit höher hält als sonst beim Spinnfischen. Man sollte vermeiden, daß der Blinker aus dem Wasser springt, da sich dabei die Drillinge oft in der Schnur verhaken, der Spinnköder sich querstellt und der Rapfen durch die unnatürliche Bewegung verscheucht wird.
Heutzutage werden Rapfen mit mehr als 5 Pfund selten an der Angel erbeutet. Sie dürfen als kapital gelten. Noch um die Jahrhundertwende sollen Rapfen indessen von mehr als 12 Pfund nicht allzu selten gewesen sein.

**Zander, Schill,** Fogosch, Hechtbarsch *(Lucioperca lucioperca* L.*)*

*SK.:* Basis der 1. Rückenflosse höchstens gleich lang, meist etwas kürzer als die der 2. Rückenflosse.

*B.:* Zander leben in der Brachsenregion der Flüsse und Ströme, von der sie gelegentlich bis in die mittlere Barbenregion aufsteigen. Dies ist besonders dann der Fall, wenn sich in dieser zahlreiche Buhnen, Hinterwasser und natürliche Staue befinden, oder wenn es einen leicht erreichbaren Zugang zu Altwässern gibt. Unter den Seen bevorzugt der Zander solche mit einer wenigstens stellenweise ausgeprägten Schar, über der sich in der warmen Jahreszeit reichlich Plankton entwickelt, oder aber Flachseen, in denen es durchweg viel Plankton gibt. Ausgesprochen sommerkalte Gewässer meidet der Zander. Brackwasser schadet dem Zander nicht. Infolgedessen kommt er in den salzärmeren Teilen der Ostsee nicht allzu selten vor. Innerhalb seiner Wohngewässer bevorzugt er sandigen oder kiesigen Untergrund.

*Fang:* Jahreszeit: vor allem im Spätsommer und Herbst, jedoch auch an milden Wintertagen. Rute: Spinn- oder Grundrute von 2,5–3,2 m Länge und mittlerer Aktion. Schnur: 0,25–0,40. Vorfach: 0,25–0,40. Stahlvorfächer sind nur nötig, wenn in dem Gewässer Hechte leben, und wenn mit Methoden gefischt wird, bei denen mit hoher Wahrscheinlichkeit auch Hechte gefangen werden. Haken: 1–2. Köder: Kleine lebende oder tote Köderfischchen am Spinnsystem, kleine Wobbler, Jigs, Tauwürmer, die an der Grund- oder Gleitfloßangel angeboten werden; „Fetzen". Kescher: nur bedingt brauchbar. Zander spreizen beim Einholen ihre stacheligen Rückenflossen und verhaken sich gerne in den Maschen des Landenetzes. Kleine Zander, die nur wenige Pfunde wiegen, lassen sich meist leicht ins Boot hieven oder an geeigneten Ufern stranden; Großzander gafft man.

In vielen Gewässern lassen sich Zander, die hinsichtlich ihrer Beißlust unter Anglern als launisch gelten, am besten mit dem „Fetzen" fangen. So nennt man ein in bestimmter Weise geschnittenes Stückchen Fischfleisch. Man trennt es sich mit einem sehr scharfen Taschenmesser oder mit einem Klapprasiermesser aus den Flanken einer toten Laube oder Mairenke. Unmittelbar hinter dem Kopf schneidet man bis auf die Wirbelsäule ein. Dann führt man das Messer 1–2 cm flach an ihr entlang und läßt den Schnitt gegen den Schwanz möglichst hautnah auslaufen. Der Fetzen besteht also im Vorderteil aus einem Stückchen Fischfleisch, an das sich ein langer Hautlappen anschließt. Wenn er breit genug ist, kann der „Schwanzteil" des Fetzens noch eingeschnitten werden: Zerfranste Fetzen spielen besonders aufreizend im Wasser. Der Haken wird im Vorderteil ein- oder zweimal durch den Fetzen gestochen. Ausgeworfen wird der Fetzen an der bebleiten Grundangel, die man dann langsam und mit Unterbrechungen, bei denen der Köder auf den Boden sinken soll, einholt. Vom treibenden Boot kann man auch mit Hilfe der Gleitpose angeln, doch vergewissere man sich hierbei durch vorheriges, sorgfältiges Ausloten der Wassertiefe, daß der Köder unmittelbar über Grund angeboten wird. Durch wiederholtes Anziehen der Schnur sollte der Fetzen ruckartig aufsteigen und dann langsam wieder absinken. Zanderköder dürfen nie rasch geführt werden. Meist erfolgt der Biß zaghaft. Zupfen oder scheinbares Hängenbleiben des Hakens beantworte man deshalb vorsichtshalber mit einem kräftigen, aber nicht zu trockenen und zu harten Anhieb. Wenn der Haken gut faßt, ist der Fisch meist schon gefangen; denn Zander wehren sich im Drill erstaunlich wenig.

Zander, die schwerer als 15 Pfund sind, werden mit der Angel selten erbeutet und dürfen als kapital gelten.

## **Hecht** *(Esox lucius L.)*

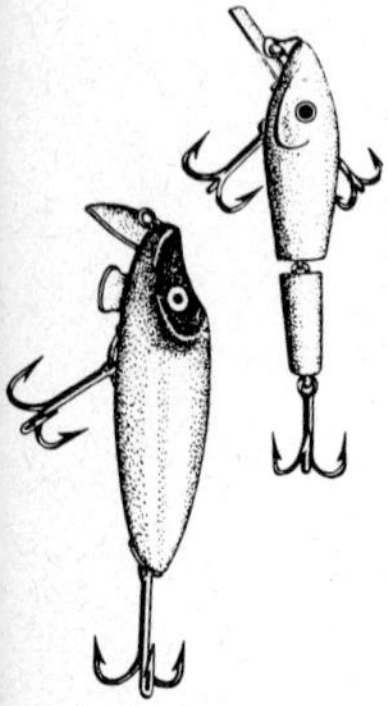

*SK.:* Schnauze entenschnabelartig vorgezogen und abgeflacht. Maul tief gespalten. Kiefer mit größeren Fang- und kleineren Hechelzähnen.
*B.:* Hechte leben in nahezu allen Gewässern. Von den salzärmeren Teilen der Ostsee kommen sie bis in Forellenbäche hin vor, ebenso in allen stehenden Gewässern, vom Tümpel bis zum klaren Gebirgssee.
*Fang:* Jahreszeit: ganzjährig, aber vor allem im Spätsommer, Herbst und Winter. Rute: vom Ufer Spinnrute von 2,8–3,2 m Länge, vom Boot kurze Spinnrute von 1,5–2 m Länge. Schnur: 0,25–0,40. Vorfach: Stahlvorfächer von 5–10 kg Tragkraft. Köder: Stellfisch, tote Köderfische am Spinn- oder Wobbelsystem, Blinker und Spinner aller Art, Wobbler. Kescher: ja; Großhechte gafft man am besten. Beim Lösen der Haken Rachensperrer verwenden!
Der Hecht ist ein ausgeprägter Tagraubfisch. Darauf weisen schon seine großen, scharfsichtigen Augen hin. Daneben leistet ihm beim Aufspüren der Beute sein Seitenorgan wesentliche Hilfe. Es spricht auf Druckunterschiede im Wasser an und stellt eine Art „Ferntastsinn" dar. Diese Sinne werden von den künstlichen Ködern gereizt, die für den Hechtfang verwendet werden: Blinker täuschen das Aufblinken eines Fischleibs vor, Spinner tun zwar dasselbe, erzeugen aber dazuhin noch starke Druckwellen. Wobbler ahmen durch ihre unregelmäßigen Bewegungen das Torkeln eines kranken Fischchens nach. Sie stellen vielfach in Gewässern, in denen der Hechtfang mit lebenden oder toten Köderfischen verboten ist und in denen infolgedessen häufig – und nicht immer gekonnt – geblinkert wird, den fängigsten Hechtköder dar. Besonders geeignet sind mittelgroße Wobbler, die dank unterschiedlich dosierbarer Bebleiung in verschiedener Wassertiefe geführt werden können. In stark verkrauteten Buchten und unmittelbar vor dem Schilfgürtel, an Plätzen, an denen Hechte häufig hoch stehen, wählt man flach laufende, unbebleite Wobbler, die bei vermindertem Zug auftauchen. Tiefere Stellen, besonders unterwaschene Felsen an der Halde, die als Unterstand dienen, fischt man mit tief laufenden Wobblern ab. In größeren stehenden Gewässern, in denen mögliche Hechtstandplätze (Krautbetten, Schilfgürtel, versunkene Bäume, Bootsstege und -häuser u.ä. im Verhältnis zur Wasserfläche seltener sind, schleppt man am besten den ausgeworfenen Wobbler vom Boot aus. Wobbler sollten langsam und mit möglichst gleichbleibendem Zug geführt werden. Bei zu ungleichmäßigem Köderlauf verfehlen Hechte gelegentlich den Köder. Obwohl sich ein Hecht, der den Köder erwischt, meist schon ausreichend selbst hakt, sollte mindestens ein Anhieb gesetzt werden, damit die Haken wirklich gut fassen. Zu starker Zug beim Drill veranlaßt Hechte, die den Köder in geringer Tiefe genommen haben, zum Springen, einem Manöver, dem mit sofortigem Senken der Rutenspitze begegnet werden muß; nur so kann das Risiko eines Abreißens vermindert werden. Vor allem größere Hechte müssen durch den Drill so ermüdet werden, bis sie gefahrlos über den Kescher geführt werden können. Das Fangnetz darf man natürlich erst aus dem Wasser nehmen, wenn der Hecht ganz darin ist und man den Bügel bzw. Rand umgeklappt hat. Schon mancher Hecht hat sich vom Kescherrand mit elegantem Schwung in die Freiheit geschnellt. Bei Hechten, die sich zunächst ohne große Gegenwehr heranziehen lassen, ist besondere Vorsicht am Platze. Sobald sie Boot oder Angler erblicken, können sie mit Vehemenz ihren Abwehrkampf beginnen, und sich plötzlich losreißen!
Hechte, die mehr wiegen als 25 Pfund, werden selten an der Angel gefangen und dürfen als kapital gelten.

**Wels, Waller,** Schaden, Scharrn *(Silurus glanis* L.*)*

*SK.:* Maul groß und breit; auf dem Oberkiefer 2 lange, bewegliche Barteln. Die vier unteren Barteln sind viel kürzer.

*B.:* Der Wels ist der größte einheimische Süßwasserfisch. Ein nach dem 2. Weltkrieg bei Donauwörth gefangenes Exemplar war genau 3 m lang und wog 3 Zentner. 1938 fing Fischermeister Alfred Haas aus Güttingen bei Radolfszell, der den Mindelsee bewirtschaftet, in einer Reuse einen Wels, der immerhin 2,40 m lang und 180 Pfund schwer war. In Südosteuropa, besonders in der unteren Donau und in den Unterläufen ihrer Nebenflüsse, wächt der Wels noch besser ab. Dort soll er Gewichte bis zu 5 Zentnern erreichen. Die Brachsenregion ist die eigentliche Heimat des Welses, doch steigt er in Ausnahmefällen bis in die oberste Barbenregion auf. Daneben bewohnt er zahlreiche Seen, vor allem im Voralpengebiet. Unerklärlicherweise fehlt er jedoch in einigen. Auch im Unterrhein ist er nicht zu Hause, obwohl er im Bodensee und im Hochrhein vorkommt, und auch aus dem Stromgebiet der Weser sind keine Fänge bekannt geworden. Neuerdings haben Sportfischervereine Gewässer, die reich an Kleinfischen sind, mit Welsen besetzt. Inwieweit ein solcher Besatz glückt und sinnvoll ist, hängt nicht nur von der Futtermenge ab; auch die übrigen Bedingungen müssen dem Wels zusagen.

Seine winzigen Augen weisen ihn als Nachtfisch aus. Untertags liegt er meist in unzugänglichen Verstecken: unter versunkenen Baumstämmen, unter ausgewaschenen Flußufern, die durch Wurzelwerk zusammengehalten werden, oder er hält sich am Grunde besonders tiefer Gumpen und Nischen der Flüsse und Seen verborgen.

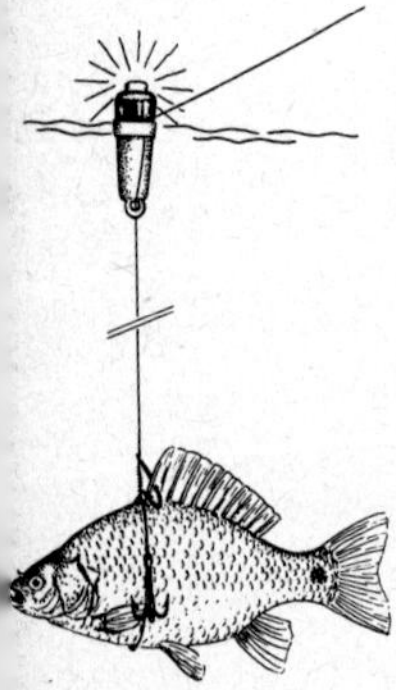

*Fang:* Jahreszeit: besonders Juli-September. Rute: Schwere Spinn- oder Grundrute von 2,5–4,0 m Länge. Schnur. 0,50–0,70. Vorfach: 0,45–0,55; Stahlvorfächer sind nicht nötig; werden sie verwendet, sollten sie mindestens 8 kg Tragkraft haben. Köder: Lebender Köderfisch, Bündel großer Tauwürmer, Frösche. An der Spinnangel bei günstigem Wetter Heintz-Blinker oder Zett-Blinker. Kescher: meist sinnlos, da nicht groß genug. Statt dessen ist ein Landehaken (Gaff) zu empfehlen. Ausgedrillte Waller leisten meist kaum mehr Gegenwehr und können am besten mit dem „Wallergriff" gelandet werden. Hierzu preßt man den Daumen der zupackenden Hand außen an den Unterkiefer; mit den übrigen Fingern packt man den Unterkiefer von innen. An dem kaum bezahnten Maul verletzt man sich nicht, viel eher an den Haken der eigenen Angel!

Wo es erlaubt ist, geht man den Waller in den Stunden vor Mitternacht an. Als Köder eignet sich am besten ein 1/4–3/4pfündiger Fisch (z.B. Karausche), die man an einem Schnappsystem anködert. In langsam fließendem oder stehendem Wasser verwendet man vorteilhafterweise einen Leuchtschwimmer. Er signalisiert, wo sich der Köderfisch befindet, und nicht zuletzt, ob „es" beißt. Der Anhieb sollte kräftig gesetzt und ein- bis zweimal wiederholt werden, und zwar sobald der Köder zügig ergriffen wurde, der Schwimmer also stetig untertaucht. Der Wels versucht, in ein Versteck zu flüchten. Daran sollte ihn die Drilltechnik des Anglers hindern: Jede Flucht muß unter Ausnutzen der Elastizität der Rute und der Tragfähigkeit der Schnur bis zur äußersten Belastungsgrenze gebremst werden. Stemmt sich der Fisch dennoch am Grund fest, so kann er durch andauernden Zug unter Beklopfen der Rute eventuell zu einer erneuten Flucht veranlaßt und dann vom Grund weggebracht werden.

Welse, die mehr als 35 Pfund wiegen, werden mit der Angel selten gefangen und dürfen als kapital gelten.

**Bachforelle,** Steinforelle *(Salmo trutta* forma *fario* L.*)*

*SK.:* Hinter der Rückenflosse eine Fettflosse. Körper in Form und Färbung aber verschieden. Fast stets rote oder orangefarbene Tupfen neben den schwarzen Tupfen auf den Seiten des Fisches.
*B.:* Die Bachforelle verlangt ein von Abwässern nur wenig belastetes Gewässer, in dem die Temperatur im Sommer nie über längere Zeit 20°C übersteigen sollte. Im Winter erträgt sie hingegen noch eine Wassertemperatur von 0°C. Die Heimat der Bachforellen sind also sowohl die grundwassergespeisten, klaren Niederungsbäche als auch die Quellgebiete und Oberläufe der Mittelgebirgs- und Hochgebirgsbäche und -flüsse („Forellenregion"). Bachforellen kommen gelegentlich auch in sauberen, kalten Seen und Stauen vor.
*Fang:* Jahreszeit: April-September. Rute: Grundrute 3–4 m; Fliegenrute; Spinnrute 2,5–3,2 m. Schnur: 0,20–0,35. Vorfach: 0,20–0,25. Haken: 1–4. Köder: Alle Arten von Würmern, Maden, Larven der Bachflohkrebse, kleine Köderfische, besonders Mühlkoppen, künstliche Fliegen (trocken und naß) und Blinker; Devons. Kescher: ja.

Die Bachforelle grenzt sich in ihrem Gewässer ein Revier ab. Es muß ihr Unterstände bieten, die sie bei Gefahr aufsuchen kann, aber auch Standplätze, an denen sie verharrt und auf Nahrung lauert. Größere Bachforellen haben sich meist ausschließlich auf Fischkost umgestellt. Ihr Jagdrevier sind nicht selten große Kolke und die Stillwasserbezirke unter Wehren und Mühlschüssen. Sie ist mit der Angel nur sehr schwer zu fangen. Modernes Gerät hilft aber sehr dazu, die relativ freßgierige Bachforelle zu überlisten, so daß an vielen Strecken das Angeln mit natürlichen Ködern, besonders mit Würmern, zur Schonung des Bestandes verboten ist. Zumal untermaßige Bachforellen nehmen Würmer, die an Haken selbst der Größe 4 montiert sind, oft so vehement, daß der Haken tief in den Eingeweiden faßt. Auf die Wurmangelei kann man um so leichter verzichten, als auch künstliche Köder bei der Fischwaid auf Bachforellen guten Erfolg versprechen, wenn sie sachgemäß dargeboten werden. Neben Fliegen gilt dies auch für Blinker und Spinner kleinerer Größen, die man indessen nur verwenden sollte, wo untermaßige Fische nicht vorkommen, da sie sich meist schlimm verletzen. Allerdings müssen diese Köder so geführt werden, daß die Bachforelle nicht vergrämt wird. Dazu gehört als erstes, daß sich der Angler am Ufer nicht auffällig verhält (Deckung ausnutzen; nicht trampeln). Der Blinker wird an ausgemachten oder vermuteten Standplätzen vorbeigezogen, und zwar gegen die dort herrschende Strömung, seltener mit ihr. Das Tempo sollte so variiert werden, daß der Blinker immer wieder auf den Grund absinkt oder ihm sehr nahe kommt. Deswegen muß das Eigengewicht der Blinker den Strömungsverhältnissen angemessen sein. Leichte Blinker eignen sich für Stillwasserbezirke, können dort aber sehr fängig sein. Dunkle Blinkler werden in klaren Gewässern im allgemeinen den helleren gegenüber bevorzugt. Von den Spinnern sinken die Muster mit schmalen Blättern tiefer ein als jene mit rundlichem Blatt. Stets sollten 2 Wirbel vorgeschaltet werden. Es gibt auch Spinner mit zwei gegenläufigen Blättern, die selbst bei längerem Fischen ein Verdrillen der Schnur fast unterbinden. Eine gehakte Bachforelle wälzt und schüttelt sich und versucht, in den nächsten Unterschlupf zu entkommen. Wenn man sie nicht daran hindern kann, ein Versteck zu finden, ist es besser mit leicht gespannter Schnur zu warten, bis sie es wieder verläßt.
Bachforellen, die mehr als 6 Pfund wiegen, werden mit der Angel selten gefangen und dürfen als kapital gelten.

**Regenbogenforelle,** Purpurforelle *(Salmo irideus* W. Gib.*)*

*SK.:* Fettflosse. Flanken, Rücken- und Schwanzflosse mit zahlreichen, kleinen schwarzen Flecken und mit oft deutlichem rötlichem bis violettem Längsband.
*B.:* Die Regenbogenforelle stammt aus Nordamerika und wurde 1882 von dort in europäische Gewässer verpflanzt. Eigentlich ist es nicht ganz korrekt, von „der" Regenbogenforelle zu sprechen; denn offensichtlich wurden mehrere miteinander nahe verwandte Formen unter diesem Sammelnamen bei uns eingeführt und absichtlich oder unabsichtlich miteinander gekreuzt. So erklären sich die Verschiedenheiten im Aussehen und im Verhalten der heute in unseren Gewässern vorkommenden Regenbogenforellenstämme. Die Regenbogenforelle stellt weniger hohe Ansprüche an ihr Wohngewässer als die Bachforelle. Sie erträgt nicht nur mehr Abwasserbelastung, sondern auch beträchtlich höhere Wassertemperaturen im Sommer. Am besten gedeiht sie in Fließgewässern, deren Temperatur im Winter 2°C nicht unterschreitet und im Sommer 22°C nicht für längere Zeit übersteigt. Im Extrem hält die Regenbogenforelle noch Wassertemperaturen von 27°C aus, sofern alle anderen Lebensbedingungen besonders günstig sind.

*Fang:* Jahreszeit: April-September. Rute: Spinnrute von 2,5–3,2 m; Fliegenrute. Schnur: 0,25–0,35; Fliegenschnur. Vorfach: 0,20–0,25; Fliegenvorfach. Haken: 1–3. Köder: Würmer, Maden, kleine Köderfische, Blinker und Spinner kleiner und mittlerer Größe; künstliche Fliegen der Größen 12–18. Kescher: ja.
Die Regenbogenforelle läßt sich sowohl mit natürlichen Ködern an der Floßangel bzw. mit dem rollenden Grundblei als auch mit der Spinnrute fangen. Den besten Sport und – zumindest an vielen Tagen – die besten Fangaussichten hat man mit der Fliegenrute. Kunstfliegen ahmen natürliche Insekten nach, die auf dem Wasser schwimmen. Sie werden mit einer besonders leichten Rute an eigens hierfür konstruierten Schwimmschnüren geworfen. Die Technik des Fliegenfischens ist nicht einfach zu erlernen. Sie wird in Speziallehrbüchern (z.B. Hendrik de Man: „Fliegenfischen leicht gemacht") eingehend beschrieben und in zahlreichen Angelsportvereinen praktisch gelehrt. Regenbogenforellen steigen besonders gerne auf die Trockenfliege oder die halbversunkene Fliege. Eine Regenbogenforelle, die auf Anflugnahrung Jagd macht, erkennt man daran, daß sie im Unterschied zur „stehenden" Bachforelle meist ein Stück flußauf „kreuzt", wobei sie treibende Insekten in ihrem Gesichtskreis von der Wasseroberfläche einsammelt. Natürlich erschwert dies Verhalten dem Angler, die Fliege zielgenau zu werfen. Sie sollte etwa 50 cm vor dem Standort des Fisches auftreffen und ohne zu furchen auf ihn zutreiben.

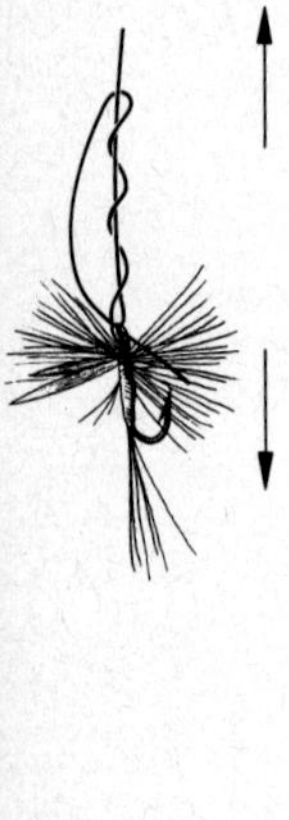

„Angeschlagen" wird, wenn die Forelle die Fliege genommen hat. Hierzu hebt man einfach die Spitze der Fliegenrute zügig an, wodurch sich die auf dem Wasser schwimmende Schnur strafft. Von einem heftigeren Anhieb ist abzuraten, weil man dabei oftmals die Fliege abreißt. Auch sollte man eine automatische Fliegenrolle nicht schon während des Anhiebs Schnur einholen lassen. Bei gespannter Feder wird man sonst sehen, wie plötzlich man noch im letzten Moment dem Fisch die Fliege aus dem Maul zieht. Regenbogenforellen sind im Drill sehr lebhaft. Sie springen häufig, und bei großen Exemplaren bleibt einem unter Umständen nichts anderes übrig, als ihnen am Ufer zu folgen, bis sie sich genügend ermüdet haben. Einzelnen Luftsprüngen begegnet man durch blitzschnelles Senken der Rutenspitze. Regenbogenforellen, die mehr als 5 Pfund wiegen, werden mit der Angel nur selten erbeutet und dürfen als kapital gelten.

**Äsche,** Asch *(Thymallus thymallus* L.*)*

*SK.:* Fettflosse. Rückenflosse lang und auffallend hoch. Schuppen erscheinen eher sechseckig als rund.
*B.:* Die Äsche bewohnt nahezu ausschließlich Fließgewässer, an die sie hinsichtlich der Reinheit des Wassers höchste Ansprüche stellt. Gegen ein Ansteigen der Wassertemperatur auf etwa 22–25°C im Sommer ist sie weniger empfindlich als man denkt. Im Winter hingegen sollte die Wassertemperatur möglichst nicht unter 4°C absinken. Solche Verhältnisse findet man unterhalb der ausgesprochenen Forellenregion der Flüsse und Bäche. Dort strömt das Wasser ruhiger und zügiger. Der Grund besteht meist aus feinem bis grobem Kies. Nach dem Vorkommen der Äsche heißt diese Region Äschenregion, obwohl in ihr noch durchaus Forellen bzw. schon Barben leben können.
Die Äsche kommt im Gegensatz zur Bachforelle in kleineren Trupps vor. Die Tiere halten sich in Bodennähe auf. Von dort steigen sie, wenn sie Anflugnahrung nehmen, zur Wasseroberfläche empor. Häufig ist dies an Gewässerstellen der Fall, die nur etwa 1/2 m tief sind; doch steigen Äschen auch aus Tiefen von 2 und mehr Metern auf Fliegen.
*Fang:* Jahreszeit: Mai – Dezember, vor allem in den Herbstmonaten. Rute: Fliegenrute (Äschen können in manchen Gewässern auch mit der Floßangel oder mit dem laufenden Grundblei und Würmern als Köder gefangen werden; in anderen sind hingegen nur künstliche Fliegen als Köder erlaubt). Schnur: Fliegenschnur. Vorfach: Fliegenvorfach. Köder: Trockenfliegen, auch Naßfliegen oder Nymphen, vor allem der Größen 14–18. Kescher: ja.
Die Äsche gilt mit Recht als der Fisch des Fliegenfischers. Am häufigsten wird sie wohl mit der trockenen oder halbversunkenen Fliege gefangen. Wirksam sind meist stark behechelte Formen, die gut in natürlicher Lage schwimmen. Außerdem sind sie für den Angler in den winzigen Größen, in denen sie von der Äsche bevorzugt werden, noch am besten zu sehen. Sie müssen 1–2 m ohne zu furchen ganz genau auf die ausgeworfene Äsche zutreiben. Nur in Flachstrecken darf die Fliege näher am Fisch aufgesetzt werden. Immer sollte man aber darauf achten, daß sie dem Vorfach voraustreibt. Wenn man quer zur Strömung fischt, muß man die Schnur im Bogen aufs Wasser ablegen. Äschen steigen meist vom Grund auf die Fliege: sie lassen sich, wenn sie die Beute genommen haben, rasch wieder zu Boden sinken. Infolgedessen haken sie sich in der Regel selbst. Ein Straffen der Schnur genügt als Anhieb völlig. Jedwede kräftigere und harte Reaktion würde bei den kleinen Haken und dünnen Vorfächern die Gefahrt erhöhen, daß der gehakte Fisch verlorengeht. Sie bleibt ohnehin groß genug. Äschen pflegen, wenn sie den Haken spüren, sich zu drehen und zu wälzen, und nicht wenige kommen hierbei los. Hilft ihnen dies Manöver nicht, stemmen sie sich entweder ausdauernd gegen Unebenheiten im Boden oder sie fliehen unvermutet und mit ziemlicher Gewalt in die stärkste Strömung, die es in der näheren Umgebung gibt. Will man das Vorfach nicht platzen lassen, muß man rasch Schnur geben. Häufig jagen gehakte Äschen springend über die Wasseroberfläche. Durch sofortiges Senken der Rutenspitze kann man dann eventuell die Spannung, die durch den Wasserdruck auf der Schnur liegt, genügend mildern. Auf alle Fälle gilt es im Drill, alle Möglichkeiten, die das Gerät bietet, voll auszunützen und raschestens richtig zu reagieren. Dennoch verliert man beim Äschenangeln im Durchschnitt mehr Fische als beim Fliegenfischen auf andere Arten. Äschen, die mehr als 3 Pfund wiegen, werden in Mitteleuropa nur selten gefangen und dürfen als kapital gelten.

**Bachsaibling** *(Salvelinus fontinalis* Mitchill*)*

*SK.:* Fettflosse. Vorderrand der bauchseitigen Flossen mit weiß-schwarzem Längsband. Rücken grünlich marmoriert. Bauch weiß-rötlich.

*B.:* Der Bachsaibling, die „Bachforelle“ der Amerikaner, wurde um 1885 aus den USA, wo sie in Gebirgsbächen und Seen der Rocky Mountains lebt und im Nordwesten sogar bis ins Brackwasser der Küstengebiete absteigt, nach Europa gebracht und hier in kalten Mittel- und Hochgebirgsbächen, seltener in kalten Seen, angesiedelt. Wie die Bachforelle, so ist auch der Bachsaibling gegen winterkaltes Wasser (0°C) unempfindlich. Sommerliche Erwärmung erträgt er schlecht. 15°C sollten die Gewässer, in denen er gedeiht, auch an den Hundstagen nicht für längere Zeit überschreiten. Derart niedrige Sommertemperaturen haben in Deutschland außerhalb der Alpen nur wenige Bäche, und dann fast ausschließlich in ihrem Quellgebiet oder unfern der Austrittsorte starker Grundwasserquellen. Bachsaiblinge kann man auch in begradigte Wasser einbringen, aus denen die Bachforelle abwandern würde. Sie sind weniger scheu als Bachforellen und eher noch freßgieriger. Dadurch lassen sie sich leicht mit der Angel fangen; auch sind sie keine ausgeprägten Einzelgänger, sondern stehen vielfach gruppenweise zusammen. An einer günstigen Stelle darf man durchaus mit dem Fang mehrerer Fische rechnen.

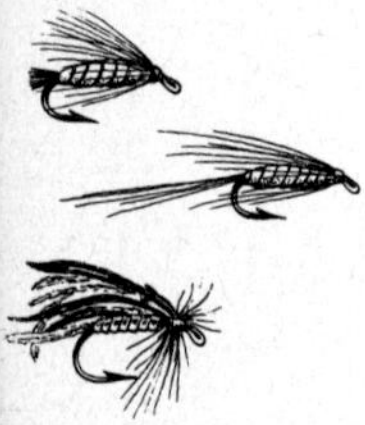

*Fang:* Jahreszeit: April – September. Rute: Grundrute 2,5–4 m lang; Spinnrute 2,5–3,2 m lang. Fliegenrute. Schnur: 0,25–0,30; Fliegenschnur. Vorfach: 0,20–0,25; Fliegenvorfach mit Seitenarmen. Haken: 1–4. Köder: Würmer, Schnecken, kleine Köderfische, kleine Blinker und Spinner; Trocken- und Naßfliegen; Nymphen. Kescher: wird beim Angeln mit der Fliegenrute unbedingt benötigt, sonst nur bei ungünstigen Uferverhältnissen.

Für die meisten Sportfischer bleibt der Bachsaibling ein „Ferienfisch“, auf den man allenfalls während des Sommerurlaubs angeln darf. Obwohl er mit nahezu jeder Art von Angelei erbeutet werden kann, eignet er sich wegen seiner kaum ausgeprägten Scheu hervorragend, um an ihm die nicht einfache Technik des Fischens mit der nassen Fliege und mit der Nymphe zu erlernen. Hierbei läßt man eine wenig behechelte Fliege oder eine Nymphen- bzw. Jungfischnachbildung (z.B. Alexandra, kleine Streamer etc.) auf den gesichteten Fisch unter Wasser zutreiben, verhält von Zeit zu Zeit oder zieht langsam ein. Als Bißanzeiger dient vielfach eine als „Springer“ montierte große Trockenfliege oder das Verhalten der Fliegenschnur, die möglichst gestreckt abschwimmen sollte. Jedes plötzliche Untertauchen des Springers oder jedes plötzliche „Stehenbleiben“ der Schnur beantwortet man mit zügigem Anheben der Rute; dies genügt als Anhieb. Bachsaiblinge machen nur kurze, doch kraftvolle Fluchten, wälzen und schütteln sich, doch fehlt ihnen die Ausdauer der Bachforelle. In breiteren Fließen hat man die besten Erfolgsaussichten, wenn man watend fischt. Man wirft dann die Fliege schräg stromabwärts ein und korrigiert durch Überwerfen der Schnur eventuell entstehende „Schnurbäuche“. Beim Watfischen sollte man einen Klappkescher benutzen, den man am Gürtel oder an der Seite trägt. Sobald der Fisch im Netz ist, muß der Bügel umgeklappt werden. Töten sollte man das Tier erst am Ufer, wenn man festen Stand hat, es sei, man scheue die Mühe nicht, ein Hälterungsgefäß mit sich herumzutragen.

Bachsaiblinge, die mehr als 2 Pfund wiegen, werden bei uns selten gefangen und dürfen als kapital gelten. Tigerfische (Forelle x Bachsaibling) erreichen dieses Gewicht in der Regel nicht.

**Seesaibling, Schwarzreuter,** Wildfangsaibling *(Salvelinus alpinus* L.*)*

*SK.:* Fettflosse. Vorderrand der bauchseitigen Flossen mit ausschließlich weißem Längsrand. Bauch gelblichweiß bis rötlich.
*B.:* Der Seesaibling ist ein typischer Kaltwasserfisch des stehenden Wassers. Mit Ausnahme einiger tiefer und besonders klarer, sauerstoffreicher Voralpenseen kommt er daher nur in Hochgebirgsseen vor. Die Wassertemperatur, die er bevorzugt, liegt um 10°C. Sie sinkt in tiefen Saiblingsseen auch im Winter kaum unter 4°C ab. Seesaiblinge sind Tiefenfische. Die großen „Wildfangsaiblinge" werden wie der „Normalsaibling" (Portionsgröße bis zu 2 Pfund) immer seltener. Neben diesen extrem gut oder „normal" wachsenden Formen kommt dann noch „Schwarzreuter" vor, eine Kümmerform, die kaum Handlänge erreicht.
Die Ursachen für das unterschiedliche Wachstum sind nicht bekannt. Keinesfalls handelt es sich um Altersklassen. Der „Schwarzreuter" erlangt nämlich schon in Kleinfischgröße die Laichreife (Männchen im 1., Weibchen im 2. Lebensjahr), wohingegen die großwüchsigen Wildfangsaiblinge erst 1 bis 2 Jahre später geschlechtsreif werden und dann bereits 1 bis 2 Pfund wiegen. Manche Saiblingsstämme legen ihre Eier in Ufernähe an der Seehalde ab, andere auf dem Grund des Sees. Vermutlich kommt dem Grundlaichen die größte Bedeutung zu. Wenigstens ist der Bestand an Seesaiblingen in den Seen, in denen durch Einleiten von Abwässern der Grund verschlammte, wesentlich zurückgegangen, oder der Fisch war gar ausgestorben, wie im Schliersee. Noch Mitte der dreißiger Jahre galt er hier als Hauptnutzfisch. Jetzt werden Altwässer geklärt, Saiblinge können wieder leben.

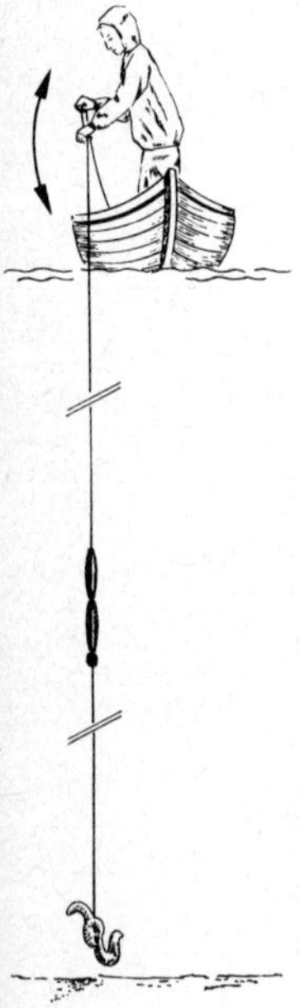

*Fang:* Jahreszeit: im Frühjahr und Hochsommer. Rute: Spinnrute vom Ufer 2,5–3,2 m (nur im Frühjahr und auch dann wenig aussichtsreich), kurze Spinnrute (1,8–2,0 m) vom Boot oder Tiefseeschleppangel (s. Seeforelle). Schnur: 0,25–0,30. Vorfach: 0,20–0,25. Haken: 1–6. Köder: Tau- und Laubwurm, dünnblechige Blinker (Comersee- und Heintzblinker). Kescher: ja.
Dem Seesaibling wird hauptsächlich mit der Tiefseeschleppangel, dem Gleitfloß oder der Grundangel nachgestellt. Bewährt hat sich auch eine Art von grundnaher Angelei aus der Hand, die aber nur vom Boot ausgeübt werden kann. Hierzu wird die Angelschnur etwa 1,5 m vom Haken entfernt mit mehreren Bleioliven (ca. 50 g) beschwert, die hakenwärts durch ein großes Klemmschrot abgestoppt werden. Als Köder verwendet man große Tauwürmer. Man läßt vom treibenden Boot die Schnur senkrecht nach unten weglaufen, bis das Blei aufstößt. Dann zieht man etwa eineinhalb Meter Schnur ein, legt die Rute ins Boot, nimmt die Schnur in die Hand und hebt mit zügigen Armbewegungen den Köder an und läßt ihn schnell wieder absinken, bis das Blei auf den Boden stößt. Den Biß fühlt man als Ruck, seltener als stetigen Widerstand. Rasches Einholen genügt zunächst als Anhieb, sofern der verwendete Haken nadelspitz war (Nachschleifen!). Beim Drill geht man – unter Ausnützung der meist kurzen Fluchten – möglichst schnell von der Handangelei auf das Führen der Schnur und des Fisches mit der Rute über. Keinesfalls darf dabei die Schnur ihre Spannung verlieren. Dann zieht man stetig, bis die Rutenspitze möglichst weit nach oben zeigt, senkt sie erneut, wobei man Schnur aufrollt. Da Seesaiblinge häufig in kleineren Trupps beisammenstehen, darf man auf weitere Fänge hoffen, wo man den ersten Biß bekam. Seesaiblinge, die mehr als fünf Pfund wiegen, werden mit der Angel selten gefangen und dürfen als kapital gelten.

**Seeforelle,** Lachsforelle, Silberlachs *(Salmo trutta* forma *lacustris* L.*)*

*SK.:* Fettflosse. Flanken vorwiegend mit schwarzen, oft orangerot oder bräunlich umrandeten Flecken. Leuchtend rote Flecken fehlen.
*B.:* Die Seeforelle lebt in den tieferen Seen des Alpen- und Voralpengebietes, die am Grund klares und kühles, sauerstoffreiches Wasser führen. Außerdem gedeiht sie in manchen Stauen der rechtsseitigen Donaunebenflüsse. Die Biologen waren sich lange uneins, wie sie die Seeforelle gegenüber der Bachforelle abgrenzen sollten. Versuche haben in den letzten Jahrzehnten bewiesen, daß beide Wuchsformen ein- und derselben Art sind. Die Seeforellen werden weit später geschlechtsreif als die Bachforellen (erst zwischen dem 3. bis 6. Lebensjahr). Mittlerweile sind sie zu mehrpfündigen Fischen herangewachsen (von 55 bis 60 cm Länge). Vielfach jagen junge Seeforellen in halber Wassertiefe. Aus diesem Verhalten erklärt sich der Name „Schwebforellen“, den man für sie gefunden hat. Erwachsene Seeforellen halten sich meist am Grunde ihres Wohngewässers auf. Sie sind zu „Grundforellen“ geworden. Obwohl auch typische Bachforellen sehr schwer werden können (eine bei Judenburg/Österreich in der Mur mit der Angel erbeutete Bachforelle wog 31 Pfund und 200 Gramm), so ist doch die Wüchsigkeit der Seeforelle erheblich besser. Noch 1959 konnte im Bodensee ein Exemplar von 51 Pfund gefangen werden.

*Fang:* Jahreszeit: Vor allem im April und dann wieder Ende August bis Mitte September. Rute: Spinnrute von 2,8–3,2 m Länge und mittelsteifer Aktion. Die Spinnangelei vom Ufer aus bringt nur guten Kennern des Gewässers mehr als Zufallserfolge, da die Seeforellenbestände fast überall in den letzten Jahren zurückgegangen sind und leider weiter abnehmen dürften. Die Uferangelei hat nur Sinn, wenn die Seeforellen hoch stehen. Das ist im zeitigen Frühjahr der Fall. Schnur: 0,30–0,35. Vorfach: Stahlvorfach von 3 bis 5 kg Tragkraft. Köder: Blinker, tote Laube am Spinnsystem. Kescher: ja; ganz große Exemplare sollten gegafft werden. Wer Seeforellen im Spätsommer fangen will, richtet mit der Rute im allgemeinen nichts aus. Die 20 und mehr Meter tief stehenden Fische erreicht man weder mit der üblichen Spinnfischerei noch mit dem Schleppen von der Rute, weil hierbei der Köder nicht tief genug läuft. Die Schlepptechnik bietet sich aber deswegen am ehesten an, weil man mit ihr am raschesten ein großes Wassergebiet absuchen kann. Schließlich will der nirgends häufige Fisch erst gefunden sein. Allerdings muß man die Schlepptechnik abwandeln. Man benutzt eine große Rolle, die am Bootsrand angeklemmt werden muß, oder aber ein einfaches Schnurbrett (30×10×2 cm), von dem „Schnur“ abgespult wird. Als Schnur verwendet man am besten Kupferdraht (0,5 mm) oder Kunststoffschnur mit Bleikern (20 kg Tragkraft), an deren Ende man ein mit Steuerfahne versehenes Tiefseeschleppblei einhängt. Ähnlich wie bei der Hegene (S. 62) sind an der Bleischnur mehrere Köder in verschiedener Wassertiefe an Umlaufwirbeln befestigt. Die verwendeten Spinnköder (besonders Comerseeblinker) müssen aus dünnem Blech gefertigt sein und auch bei sehr langsamer Schleppfahrt horizontal rotieren. Beim Schleppen legt man das Brettchen auf den Bootsboden und führt die Schnur mit der Hand. Einen Biß bemerkt man häufig als Ruck, gelegentlich durch ungleichmäßig wechselnden Widerstand. Meist hat sich der Fisch selbst gehakt (scharfe Drillinge verwenden!). Unter stetem, langsamem Weiterrudern wird mit der Hand gedrillt. Die eingeholte Schnur muß in großen Klängen im Boot abgelegt werden.
Seeforellen, die mehr als 10 Pfund wiegen, werden heute nur noch selten mit der Angel gefangen und dürfen als kapital gelten.

**Huchen,** Rotfisch *(Hucho hucho* L.*)*

*SK.:* Fettflosse. Körper nur mit eckigen, schwarzen Flecken. Flanken oft bräunlich-rötlich überlaufen. Kein rotes Band (Vorsicht! Junghuchen nicht mit Regenbogenforelle verwechseln!).

*B.:* Seitdem der Lachs aus den deutschen Flüssen verschwunden ist, ist der Huchen als der größte unserer forellenartigen Fische der Traum jedes Sportfischers. Für die allermeisten unter ihnen wird eine Fischwaid auf Huchen in deutschen Gewässern eine Illusion bleiben müssen, nicht nur, weil die Huchenstrecken unserer Flüsse in fester Hand sind und für sie Erlaubnisscheine nur ausnahmsweise ausgestellt werden, sondern weil trotz aller Besatzmaßnahmen der Huchen in Deutschland ernsthaft gefährdet ist. Nicht so in zahlreichen Ferienländern Südosteuropas, wo der Fang des Huchens geradezu als Lockmittel geboten wird.

Der Huchen kommt natürlich in Europa nur im Stromsystem der Donau vor.

*Fang:* Jahreszeit: Unmittelbar nach der Schonzeit im Mai und vor allem in den Wintermonaten. Rute: Spinnrute mit steifer Spitze und 2–3 m Länge. Die Rute sollte möglichst wenig Schnurlaufringe besitzen, wenn mit ihr im Winter gefischt wird; denn Eisbildung an den Ringen wirkt begreiflicherweise sehr störend. Schnur: 0,40–0,60. Vorfach: 0,40–0,50. Haken: 3/0–1/0, Köder: Lebende Köderfische sollten nur in solchen Strecken verwendet werden, in denen der Huchen unerwünscht ist. Sonst tote Köderfische am System, Wobbler, Blinker, Neunaugenlarven. Kescher oder Gaff.

Vielerorts gilt der „Neunaugenzopf“ als der Huchenköder par excellence. Neunaugen gehören nicht zu den Fischen, sondern bilden eine eigene Klasse primitiver Wirbeltiere. Ihre Entwicklung vom befruchteten Ei zum geschlechtsreifen Tier verläuft über ein Larvenstadium. Die Neunaugenlarven nennt man Querder. Sie sind es, die im „Neunaugenzopf“ Verwendung finden. Querder stecken im Sand der Bäche und Flüsse und müssen aus ihm ausgegraben werden. Sie ernähren sich von Algen und Pflanzenresten. Mit 2 bis 3 Jahren erreichen sie eine Länge vom 8 bis 12 Zentimetern. Jetzt sind sie als Köder geeignet. Ihre weißlichgelbe bis bräunliche Haut ist sehr zäh. Die getöteten Larven zieht man mit der Ködernadel auf eine starke Kunststoffschnur (0,60–0,80), an deren Oberende man eine kurze Schlaufe macht. Dann hängt man mehrere über einen kräftigen Einhängewirbel an ein Stahlsystem mit Bleikopf und 2 Drillingen. Huchen rauben fast stets grundnah. Damit ist ein Fischen mit flußaufwärts gezogenem Köder in der Regel ausgeschlossen; denn der Köder würde, wenn die Bebleiung in vernünftigen Grenzen gehalten wird, durch die Strömung nach oben gedrückt und viel zu hoch laufen. Man wirft vielmehr flußauf ein und fischt mit dem treibenden Köder, doch gespannter Schnur. Es ist nur durch Erfahrung zu lernen, wie der Neunaugenzopf geführt wird, damit er grundnah treibt und seine Arme verführerisch spielen läßt. Doch selbst bei richtiger Köderführung muß man mit vielen Hunderten vergeblicher Würfe rechnen, bis man einen Biß bekommt. Selbstverständlich steigern die grundnahe Köderführung und die immense Zahl vergeblicher Würfe die Wahrscheinlichkeit, daß man hängenbleibt und den Köder samt dem System verliert. Auf einen Huchenbiß hin muß man kräftig anschlagen. Der Drill ist, gemessen an der Größe des Fisches, eher temperamentlos, denn der Huchen wehrt sich weniger als eine gleichschwere Seeforelle.

Huchen, die mehr als 25 Pfund wiegen, werden in Deutschland selten gefangen und dürfen als kapital gelten.

**Blaufelchen, Renke,** Große Schwebrenke, Reinanke, Große Maräne
*(Coregonus lavaretus* L.*)*

*SK.:* Fettflosse. Silberglänzende Schuppen. Vor allem Afterflosse schwarz angelaufen.
*B.:* Die exakte Kenntnis der verschiedenen, bei uns vorkommenden und beschriebenen Renkenarten bereitet selbst Fischereibiologen Schwierigkeiten, zumal sie sich – wo sie gleiche Gewässer bewohnen – fruchtbar kreuzen können. Auch „typische“ Vertreter ihrer Art variieren in Körpergröße und Abwuchsgeschwindigkeit; deswegen ist ein sicheres Ansprechen allein aufgrund äußerer Merkmale nicht möglich. Jede genaue Bestimmung muß durch eine Analyse der Kiemenreusen erfolgen. Sie ist um so sicherer, je größer die Anzahl der untersuchten Fische ist. Wirklich wichtig ist sie nur für Berufsfischer, die Renkenseen bewirtschaften. Der Angler hat ohnehin kaum Aussicht, Renken an den Haken zu bekommen. Zwar gibt es unter den Renken zwei Arten (Kilch und Sandfelchen), die hauptsächlich Bodennahrung aufnehmen und damit gelegentlich an der Grundangel mit kleinen Ködern (Mistwurm, Maden, Bachflohkrebse) gefangen werden können. Doch sind sie nirgends häufig. Der Blaufelchen im eigentlichen Sinn ist in vielen Seen einer der Hauptnutzfische; in solchen Fällen wird sein Bestand in der Regel durch künstlichen Besatz gepflegt.

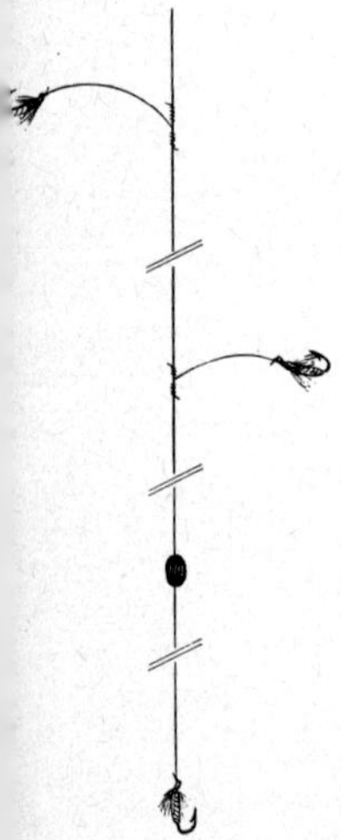

*Fang:* Jahreszeit: April – Mai, seltener noch Juni. Rute: Spinnrute von etwa 2 m Länge mit empfindlicher Spitzenaktion. Schnur: 0,25. Vorfach: 0,20. Kescher: ja. In nahrungsarmen Seen kann der Blaufelchen gelegentlich im Hochsommer an der tief geführten, mit Kleinstspinnern oder -blinkern ausgerüsteten Schleppangel gefangen werden. In der Zeit, in der das Wasser reichlich Plankton enthält, sind Blaufelchen mit der Angel kaum zu fangen. Anders in der planktonarmen Zeit. Dann suchen die Felchenschwärme auch flacheres Wasser auf und können mit dem zu ihrem Fang entwickelten Spezialgerät gefangen werden: der Hegene. An das etwa 1,50 m lange Vorfach werden an 9 bis 10 cm langen Seitenarmen (sie müssen so kurz sein, damit sie möglichst vom Vorfach steif abstehen) 2 bis 3 kleine Naßfliegen oder Nymphen angebunden; auch am Ende des Vorfachs bindet man eine Nymphe an. Die „Hegene“ wird mit einem großen, länglichen Spaltschrot oder einer kleinen, durchlochten Bleiolive etwa 20 cm über der Endnymphe beschwert. Selbstverständlich kann die Hegene nicht geworfen werden; sie muß vielmehr vom verankerten Boot aus benutzt werden. Man läßt bei offenstehendem Bügel zwischen Daumen und Zeigefinger Schnur von einer Stationärrolle auslaufen, bis das Blei den Grund erreicht. Dann schließt man den Rollenbügel und zieht die Schnur ein, bis sie straff ist. Jetzt liegt die Endnymphe gerade noch dem Boden auf, und die anderen Köder befinden sich 30, 90 und 130 cm über ihm. Unter weiterem Aufrollen von Schnur senkt man die Rutenspitze bis zur Wasseroberfläche. Jetzt hebt man die Rutenspitze langsam und gleichmäßig an. Die Blaufelchen beißen sehr zart und meist unmittelbar beim Beginn des Anhebens. Der Biß muß an der Schnur, die man stets zwischen Daumen und Zeigefinger halten sollte, erfühlt werden. Der Anhieb – der oft auf 20 oder mehr Meter übertragen werden muß – darf nicht zu hart sein, desgleichen nicht der Drill. In Felchenseen ist es oft schwer, die Schwärme ausfindig zu machen. Häufig ist es ein nutzloses Unterfangen, wenn man sich nicht den Rat einheimischer Sport- oder Berufsfischer holen kann.
Blaufelchen, die mehr als zwei Pfund wiegen, werden mit der Angel selten gefangen und dürfen als kapital gelten.

**Rutte, Quappe,** Aalraupe, Trüsche *(Lota lota* L.*)*

*SK.:* Unterkiefer mit einer langen Bartel. Oberkiefer an den Nasenlöchern mit 2 kurzen Barteln. 2 Rückenflossen, die hintere länglich wie die etwa gleich große Afterflosse.
*B.:* Die Rutte findet vom Brackwasser bis zur Forellenregion der Flüsse und Bäche, vom kühlen Baggersee bis zum großen Voralpensee fast überall Lebensbedingungen, unter denen sie noch existieren kann, sofern das Wasser nicht sehr verschmutzt oder sommerwarm ist.
*Fang:* Jahreszeit: Im Sommer meist nur Zufallsfänge beim nächtlichen Aalangeln oder sehr selten auch in stark angetrübtem Wasser während oder nach Hochwassern. Sonst unmittelbar vor oder während der Laichzeit, also etwa von Oktober bis Januar, und zwar nachts. Als aussichtsreich gelten stürmische Nächte, in denen es regnet oder schneit. Rute: Grundrute 2,5 bis 4 m, mit mittlerer bis empfindlicher Spitzenaktion. Schnur: 0,25–0,45. Vorfach: 0,25–0,35. Haken: 2–6. Köder: Würmer aller Art, besonders große Tauwürmer und Laubwürmer, tote Köderfische, Leber. Kescher: bei schweren Exemplaren.

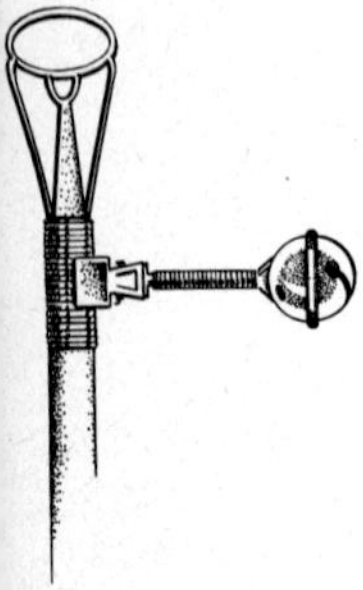

Das Angeln auf Rutten ist nicht jedermanns Sache. Dennoch sollte es überall da eifrig gefördert werden, wo die Rutte in Edelfischgewässern nachgewiesen worden ist. Hier schadet sie mehr, als ihr Fangertrag wert ist. Zwar gilt Ruttenleber als Delikatesse; doch ist der Fisch Zwischenwirt des Breiten Bandwurms (Vorsicht: Durchgaren!). In Seen gelten die Mündungsgebiete von Zu- und Abflüssen sowie die Steilabfälle der Seehalde als günstig. Der Köder muß weit ausgeworfen werden. Bei den verhältnismäßig dicken Schnüren, die man beim Ruttenangeln braucht, kommt man mit Grundbleien unter 25 g kaum aus. Nach dem Wurf darf der Schnurfangbügel der Stationärrolle erst geschlossen werden, wenn keine Schnur mehr ausläuft, das Blei also den Grund erreicht hat. Wenn man an Stellen von 30 oder mehr Metern Tiefe fischt, ist es ratsam, mit dem Bleigewicht bis an die Obergrenze dessen zu gehen, was von der Rute geworfen werden kann, ohne daß sie Schaden nimmt. Leider kann man aus zwei Gründen keine dünnen Schnüre nehmen (unter 0,20), die für das Tiefen- und Weitab-vom-Ufer-Fischen günstiger wären: Erstens sollten Rutten nicht lange gedrillt, sondern möglichst schnell vom Grunde weg und an Land gebracht werden. Gelingt dies nicht, so finden sie bestimmt ein Versteck, aus dem sie nicht so leicht hervorgezogen werden können, und allzu oft scheuert man bei dem Versuch, es doch zu tun, eben die Schnur an irgendeiner Stein- oder Felskante durch. Zum zweiten sind dünne Schnüre weit dehnbarer als dickere. Auf 30 bis 50 m läßt sich mit ihnen kaum so anhauen, daß der Haken faßt. Nur in sehr kalten Winternächten ist eine dünnere Schnur (0,25) der dickeren vorzuziehen. Bei großer Kälte ist die Elastizität der Kunststoffe geringer. Dicke Schnüre werden unter Umständen spröde und reißen bei wesentlich geringeren Belastungen, als sie es normalerweise tun. Dünnere Schnüre werden dadurch – relativ gesehen – weniger beeinträchtigt. Während des Angelns darf die Schnur zwischen Rutenspitze und durchlochtem Bodenblei nicht erschlaffen. Damit man den meist zarten Biß bemerkt, sollte an der Rutenspitze ein Aalglöckchen mehr oder minder waagrecht angeklemmt werden. Angelt man mit mehreren Ruten zugleich, müssen sich die verwendeten Glöckchen in der Klangfarbe unterscheiden. Angeschlagen wird erst, nachdem das Glöckchen abgenommen worden ist; oft hakt sich die Rutte unbemerkt selbst.
Rutten, die mehr als drei Pfund wiegen, werden mit der Angel selten gefangen und dürfen als kapital gelten.

**Aal,** Spitzkopf, Breitkopf *(Anguilla anguilla* L.)

*SK.:* Körper schlangenartig langgestreckt. Nur Brustflossen; am Hinterleib Flossensaum.
*B.:* Der Europäische Aal gibt noch heute den Fischereibiologen Rätsel auf. Ursprünglich bewohnte er in Deutschland alle Gewässer, die mit Nord- und Ostsee Verbindung haben. Dem Einzugsgebiet der Donau fehlte er.
Heute ist er fast überall eingebracht. Gegen Wasserverschmutzung ist er wenig empfindlich; nur ausgesprochen sommerkaltes Wasser hemmt sein Wachstum. Durch mühevolle Untersuchungen gelang dem dänischen Forscher J. Schmidt zwischen 1904 und 1924 der Nachweis, der Aal müsse im Sargassomeer ablaichen. Wie aber kommt der Aal dorthin? Im küstenfernen Atlantik glückte es bis heute nicht, Aale zu fangen. Dies veranlaßte Anfang der 60er Jahre den englischen Forscher D. W. Tucker, eine neue Erklärung für die Herkunft des Europäischen Aals zu suchen. Er stellte in Frage, ob es dem abwandernden Aal („Blankaal", wegen seiner silbrigen Bauchseite) überhaupt gelinge, die Sargassosee zu erreichen. Nach seiner Ansicht laicht in der Sargassosee nur der Amerikanische Aal *(Anguilla rostrata* Le Soeur) ab. Dessen Larven gelangten aber nicht durchweg zurück zum amerikanischen Kontinent. Vielmehr werde ein großer Teil von ihnen vom Golfstrom erfaßt und damit nach Europa getrieben. Allerdings ist auch diese Hypothese nicht zwingend. Bewiesen ist hingegen, daß der Aal grundsätzlich imstande ist, Süßwasser mit Hilfe seines Geruchsinns aufzufinden. Wie fein der Geruchsinn ist, klärte W. Teichmann. Er konnte Aale auf verdünnte Duftstoffe dressieren. Der Grad der Verdünnung, bei dem die Tiere noch eindeutig reagierten, ist erstaunlich: er entspräche dem, den man erhält, wenn man einen Fingerhut (1 $cm^3$) Duftstoff mit der 58fachen Menge des Bodenseewassers vermischt! Aale werden sicherlich auch beim Aufspüren ihrer Beute wesentlich vom Geruchsinn geleitet, zumal es sich zeigen läßt, daß sie manche Geruchsstoffe bevorzugen, andere jedoch offensichtlich eher abstoßend finden.

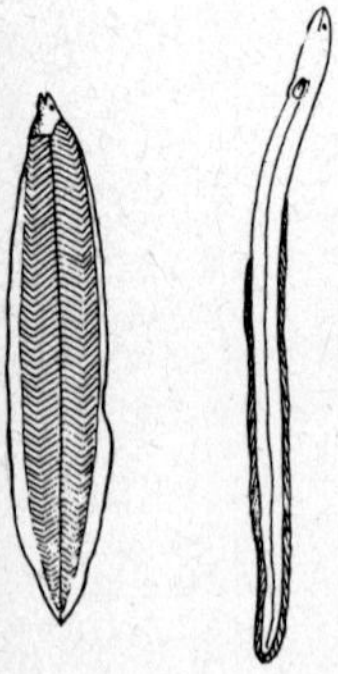

*Fang:* Jahreszeit: etwa ab Ende April bis Ende Oktober, und zwar vorwiegend nachts. Gelegentlich auch an sehr heißen Sommertagen in der Mittagszeit, dann bei stark angetrübtem Wasser oder während eines Gewitters zu jeder Tagesstunde. Rute: Grundrute 2,8 bis 4 m Länge, mittlere Aktion. Schnur: 0,25–0,40. Vorfach: 0,25–0,30. Haken: 1–8. Köder: Würmer aller Art, vor allem große Tauwürmer, tote Köderfischchen. Kescher: nein.
Der Aal läßt sich am besten mit der auf Nachtfang eingestellten Grundangel erlegen, wie sie für den Fang der Rutte beschrieben wurde. Den Köder wirft man in Flüssen in Strecken mit schlammigem Grund aus, aber auch in grobsteinigen Stillbereichen. Immer gut ist die Umgebung von Abwasserkanälen. In Seen verspricht die Umgebung von Bacheinmündungen, Seehotels, Bootsstegen und -häusern den besten Erfolg. Wenn das Glöckchen zum ersten Mal geläutet hat, nimmt man es ab und erwartet mit der Rute in der Hand die nächste Serie von Bissen. Man kurble so viel Schnur ein, daß die Rutenspitze zum Wasser zeigt. Der Anschlag sollte kräftig sein. Zugleich mit dem Anheben der Rute holt man raschestens weitere Schnur ein; so bekommt man den Aal am ehesten vom Boden weg. Aale sollte man möglichst schnell landen. Gibt man ihnen Gelegenheit, sich um ein Hindernis zu winden, verliert man den Fisch meistens.
Aale, die mehr als 3 1/2 Pfund wiegen, werden mit der Angel selten gefangen und dürfen als kapital gelten.

## Literaturhinweise

Aldinger, H.: Der perfekte Sportfischer, Verlag F. Ifland, Stuttgart, 4. Aufl., 1977

Bacmeister, A.: Das große Lexikon der Fischwaid, Verlag F. Ifland, Stuttgart, 1970

v. d. Borne/Quint: Die Angelfischerei, 13. Aufl., Neubearbeitet, Parey, Hamburg-Berlin, 1977

de Man, H.: Fliegenfischen leicht gemacht, Albert Müller Verlag, Rüschlikon-Zürich, Stuttgart, Wien, 1951

Maitland, P. S.: Der Kosmos-Fischführer, Die Süßwasserfische Europas in Farbe. Franckh, Stuttgart 1977

Ritz, C.: Erlebtes Fliegenfischen, Albert Müller Verlag, Rüschlikon-Zürich, Stuttgart, Wien, 1956

Schindler, U.: Unsere Süßwasserfische, Kosmos Naturführer, Franckh, Stuttgart, 5. Aufl., 1975

Sportfischerjahrbuch 1978, Verlag F. Ifland, Stuttgart, 1978

## Verzeichnis der wissenschaftlichen Namen

## Verzeichnis der deutschen Namen

## Sachregister

# Lektüre für den Angler

Peter S. Maitland, **Der Kosmos-Fischführer**
Die Süßwasserfische Europas in Farbe

Der Kosmos-Fischführer berücksichtigt alle Fischarten der europäischen Süßgewässer, daneben einige Brackwasserformen, die auch im Süßwasser leben können. Der Autor unterscheidet die Fische vorwiegend nach äußeren Kennzeichen: Körperbau, Flossenzahl und -form, Beschuppung, Farbe u. a. Neben der Bestimmung nach den hervorragenden Farbbildern, kann der Leser die Fische auch nach einem einfachen, nach Familien und Arten gegliederten Schlüssel bestimmen.
255 Seiten mit 121 Zeichnungen und 248 farbigen Abbildungen.

Otto Schindler, **Unsere Süßwasserfische** (ohne Abb.)

Dieser Kosmos-Naturführer zeigt die Fischarten in 73 farbigen Aquarellbildern, die jede Einzelheit lebensgetreu wiedergeben. Besondere Tabellen geben Auskunft über Laichzeit, Wachstum, Eizahl und Eigröße, nennen die bevorzugten Wohngewässer und das Sauerstoffbedürfnis. Fangzeiten, Mindestmaße und Schonzeiten sind übersichtlich zusammengestellt. Ein Ratgeber für Naturfreunde, Angler und Aquarianer.
236 Seiten mit 54 Abbildungen im Text und 73 naturgetreuen Farbabbildungen der Fische.

**In Ihrer Fach/Buchhandlung!**

**MIKROKOSMOS**, die Zeitschrift für den Mikroskopiker, führt in die Kleinlebewelt unserer Erde. Ob Sie neu zu dieser Liebhaberei stoßen oder schon zu den Fortgeschrittenen zählen – MIKROKOSMOS kann Ihnen bei der Beschäftigung mit den Bausteinen des Lebens ein vielfältig anregender Partner sein. Er gibt Anregungen zu eigenen mikroskopischen Untersuchungen, beschreibt interessante Objekte, gibt Hinweise zur mikroskopischen Technik und veröffentlicht neue mikroskopische Methoden. Ein kostenloses Probeheft schickt: **Kosmos-Verlag, Postfach 640, 7000 Stuttgart 1.**

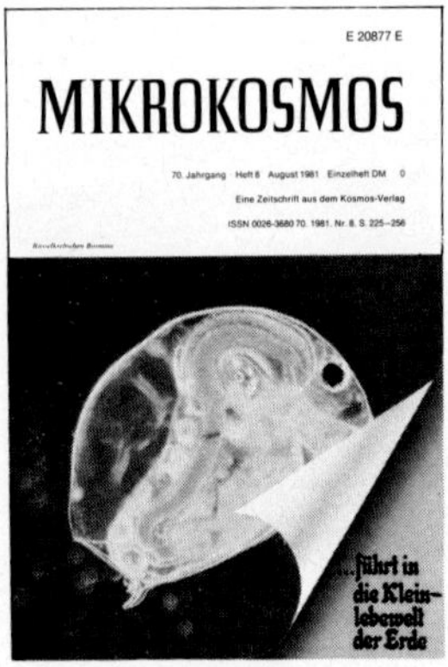


FRANCKH
KOSMOS
Verlagsgruppe